· 经典珍藏 ·

吴清源详解经典名局

刘乾胜　刘小燕　曹　军　编著

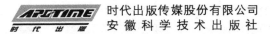

时代出版传媒股份有限公司
安徽科学技术出版社

图书在版编目(CIP)数据

吴清源详解经典名局 / 刘乾胜,刘小燕,曹军编著.
--合肥:安徽科学技术出版社,2019.1(2023.4 重印)
(经典珍藏)
ISBN 978-7-5337-7477-6

Ⅰ.①吴… Ⅱ.①刘…②刘…③曹… Ⅲ.①围棋-
对局(棋类运动) Ⅳ.①G891.3

中国版本图书馆 CIP 数据核字(2018)第 002788 号

吴清源详解经典名局　　　　　　　　刘乾胜　刘小燕　曹　军　编著

出 版 人:丁凌云　　选题策划:倪颖生　　责任编辑:倪颖生　王爱菊
责任校对:岑红宇　　责任印制:梁东兵　　封面设计:吕宜昌
出版发行:安徽科学技术出版社　　　　http://www.ahstp.net
　　　　　(合肥市政务文化新区翡翠路 1118 号出版传媒广场,邮编:230071)
　　　　　电话:(0551)63533330
印　　制:唐山富达印务有限公司　　　　电话:(022)69381830
(如发现印装质量问题,影响阅读,请与印刷厂商联系调换)

开本:710×1010　1/16　　　印张:14.75　　　字数:265 千
版次:2023 年 4 月第 2 次印刷

ISBN 978-7-5337-7477-6　　　　　　　　　　　定价:58.00 元

序

吴清源，又名吴泉，1914年出生于福建福州的一个大家庭中。吴清源父亲曾留学日本，读法律专科，期间，开始痴迷围棋。回国后，在北京北洋军阀政府平政院任科员。

父亲教吴清源兄弟下棋。吴清源和围棋一接触，就着了迷，早晨一起床就坐在桌子边打棋谱。起先，吴清源打的是旧《桃花泉》《弈理指归》及黄龙士、施襄夏、范西屏等名手的对局谱。后来，父亲把自己从日本带回来的新《桃花泉》《本因坊道策》等棋谱拿给他看，吴清源如获至宝，整天整夜打谱，棋力大进。

当时，北京西城绒线胡同西口大街上有一家名叫"海丰轩"的茶馆，那里是当时棋手聚会的场所，一些名手如汪云峰、顾水如、刘棣怀等常到这里来会棋友。吴清源在父亲带领下，常去海丰轩向前辈名手请教并与之对弈，他们都觉得吴清源是罕见的天才。

1924年，吴父因病去世。当时吴清源仅11岁，家道衰落，吴清源母亲探访顾水如，请他把吴清源引荐给段祺瑞。段祺瑞见了吴清源之后，很是喜欢，每月发给吴清源100块大洋，亲友们听到都很叹赏。1926年，日本六段棋棋手岩本薰来北京游历时，和吴清源下了两局，第一局让吴清源三子，吴清源获胜；第二局让两子，吴清源输一子。岩本薰回去后，在日本棋界谈起吴清源的棋才。后来，日本名棋手濑越宪作同当时在京经营美术商品的日本人山崎有民联手促成吴清源赴日。

1928年10月，吴清源到了日本，拜濑越宪作为师，当时日本棋院的总裁大仓喜七郎答应每月资助吴清源200日元。吴清源到日本后沉默寡言，从不嬉戏，清心寡欲，生活俭朴，全心贯注于棋中。他每天打坐，有人问他："打坐有什么好处？"他说："日本的围棋名手在棋力上都和我不相上下。若要战胜他们，只有在紧要关头，头脑非常清醒，没有杂念干扰，才能制胜。打坐便是修炼这种功夫。"

1931年，吴清源参加东京时事新闻社发起的棋赛。吴清源连战皆捷，18名棋手都败在他的手下。那时，每局棋胜者得180日元，吴清源将钱全部交给母亲，自己从不挥霍。吴清源当时刚18岁，正是"知好色，则慕少艾"的年龄。东京色情诱惑极大，吴清源所在棋院对面就是大舞馆，日本棋士中酗酒赌博、耽于女色的大有人在，而且许多日本人以好女色自豪，认为这是大丈夫的本色。吴清源处于那种环境，却能洁身自好，抛开一切杂念，孜孜不倦研究棋艺，确是难能可贵。

此后，吴清源纵横日本棋坛 20 余年，打遍天下无敌手，独孤求败。某夜在闲谈中，一位朋友问金庸先生："古今中外，你最佩服的人是谁？"金庸脱口而出："古人是范蠡，今人是吴清源。"围棋是中国发明的，以后逐渐盛于日本。纵观中日围棋史，恐怕没有第二位棋士能与吴清源先生并肩。这不仅是因为先生的天才，更缘于他将围棋这种以争胜负为终极目标的游戏，提升到了极高的艺术境界。吴清源先生在围棋艺术中提出了"调和"的理论，以棋风锋锐犀利见称的坂田荣男对此一再称誉，认为不可企及。吴清源先生的"调和论"主张在棋局中取得平衡，包含了深厚的儒家哲学和精湛的道家思想。吴清源后期弈棋不再以胜负为务，转而寻求在每一局中能有所创新，在棋艺上能有新的开拓。

金庸先生十分敬仰吴清源。一次曾教金庸先生下棋的王立诚九段与小松英树四段（当时）在金良家做客。晚上他们不停地用功摆棋，向金庸先生借书去研究，选中的是平凡社出版的四卷本《吴清源打棋全集》。他们发现金庸在棋书上画了不少红蓝标志，王立诚称赞他钻研用功，并问他："为什么吴老师输了的棋你大都没有打？"原来，金庸因为敬仰吴先生，打他大获全胜的棋谱时兴高采烈；对他只赢一目半目的棋局就不怎么有兴致了；至于他的输局，金庸通常不去复局，因为打这种谱时未免闷闷不乐。

金庸是业余四段，他说自己不能完全了解吴清源先生棋艺的精髓，不能体会到吴清源先生在棋局中所显示的冲淡平远，他是以娱乐的心情去打谱的，用功自然白费了。其实，吴清源先生在负局之中也有不少精妙着法，这些妙着和新颖的构思，也只有专业棋士了解。曾称霸日本棋坛的赵治勋九段，生平钻研最勤的就是吴清源先生的棋局，四卷《吴清源打棋全集》已被他翻烂了，只得去买一套新的。

职业高手棋谱中的多数着法和其背后隐藏的内容，以我们多数人的水平，往往是难以索解的。然而，就在这种懵懂之中打谱，聆听大师的点评、教诲，我们却依然可以获得深深的感悟和感动，获得莫大的、难以言喻的愉悦。

每张棋谱背后的故事，都是一段传奇，都是两个人的艺术：你想把棋下好，做到完美，但对手总是在破坏，或许几个胜负密码，寓言一样的深刻意境，不时会从心底浮起，多年后依然耳熟能详。此外，还有围棋本身的无限外延，教会我们很多思想、见识、艺术……我们确实可以感觉到，自己的心情，甚至自己的思维方式和性格也都在因围棋而发生一些潜移默化的改变。我们的生活因围棋而充实、生命因围棋而完整，围棋从盘上关照了我们这个世界，我们千千万万的爱好者，从这里获得围棋的滋养，以及文化上的熏陶。

《吴清源详解经典名局》一书，共有 11 局，全部由吴清源先生解读。让我们打开书本，与大师手谈，与大师进行心灵沟通。这些精美的棋谱，透彻的研究，跳动的符号，高超的棋艺，值得永久珍藏。

刘乾胜

目　　录

第1局　日本第十九期本因坊战

黑方　木谷实九段　白方　桥本宇太郎九段

（黑出四目半　共203手　黑中盘胜　弈于1964年3月18、19日）

吴清源　解说

第一谱　1—30

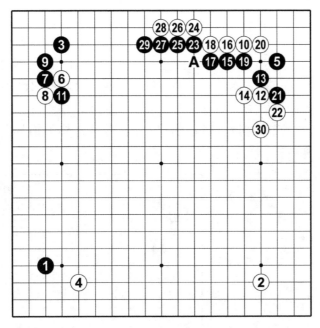

图1-1　实战谱图

图1-1　白10在左上脱先是趣向。

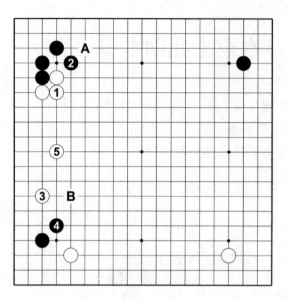

图 1-2

图 1-2　白也可选择 1 位粘，黑 2 走在 A 位是流行下法。如黑在 A 位关，则白 5 也可考虑在 B 位跳，黑子在 A 位或 2 位，对左边的影响有差别。

实战白走了 6、8，脱先再走 12 位大斜，大概白方想从序盘就作战。黑 13 如走 19 位压，即成大斜定式。

白 14 是新手，作为随机应变之着是有趣的。此手如在上一路扳是趣向，会有种种变化，可形成图 1-3、图 1-4。

图 1-3　至黑 9 拐吃，形成黑得实地、白得外势的格局，但在本局面下，黑不会这样选择。

[芸芸棋手呕心沥血，为我们奉献了一局又一局唯美之战。有中盘斩杀十子大龙惊心动魄之美，有半目之间扭转乾坤彰显内功之美，更有长生劫旷世奇局，围棋为我们打开了一扇欣赏美的门。——编者注]

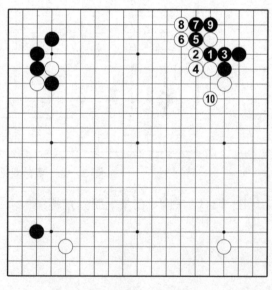

图 1-3

图 1－4 黑在右边获得实地，至黑 8 跳，这样白 9 必在上边开拆，由于左上角黑棋坚实，白无趣。

这就是实战中白采用 14 趣向的原因。白 14 诱黑 15 飞压，是消左上角厚味的策略。白 16 方向正确。

棋 业

围棋，不是每个职业棋手的全部，而是生活的一种方式。

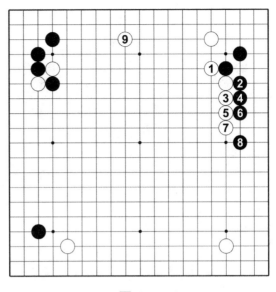

图 1－4

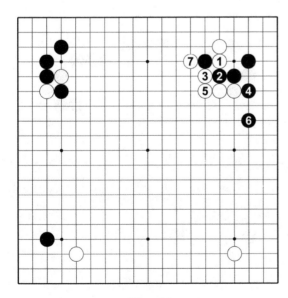

图 1－5

图 1－5 白如 1、3 位冲断，则黑 4、6，让白棋的厚势又转向上边，黑满意。[围棋是灵活的思维。]

谱中黑 19 退是好棋，此手如在 A 位长，则白 25 位跳，无趣。白 20 也可在 25 位拆一，则白 24 只有忍耐。

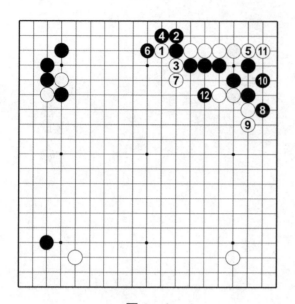

图 1-6

· 经典珍藏 ·

图 1-6 白 1 夹虽是手筋，但至黑 12 靠出，作战进程对白棋不利，白棋整体薄弱。

谱中白 28 以下，普通情况下不好，但此时左上角有黑坚阵，却是此局面下的好棋。

白 30 虽也可考虑在右下守角，但黑在下边引征后——

［职业棋手有一个很重要的概念，就是棋的厚薄。棋厚带来福利，棋薄是拖累。——编者注］

图 1-7 左下如征子有利，黑 1 断严厉，白只得 2 打、4 退，黑 5 贴吃住两子，相当厚。

谱中白 30 是消上边厚味的基础。［但疑惑的是白棋为什么不先打再虎？］

悟　棋

围棋横扫千秋谱，
斗酒纵观十三经。

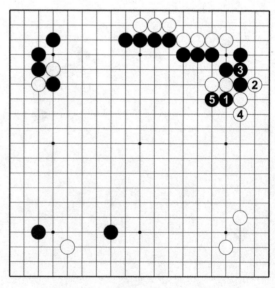

图 1-7

第二谱　1—30（即 31—60）

图 1 - 8　白 2 也可考虑在 B 位夹击。

围棋轻妙 1　桥本宇太郎的棋是天才型的，而且有预见性，判断力很强。有些对局，就连旁观者都觉得只要再顽强一些尚可一争，而他却不心存侥幸，只一发现处于劣势，就干脆中盘起身告负。

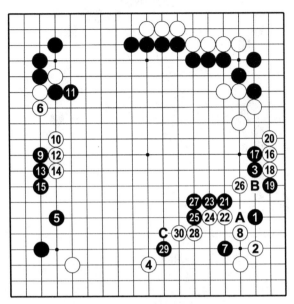

图 1 - 8　实战谱图

图 1 - 9　白 1 夹击，以下至 14 是定式，此后白 15 可在 A 位关，也很有力。

实战中白 4 是大场。黑 5 如在左上角打吃白一子——

棋　奖

围棋棋盘和围棋棋子是对棋迷最高的奖励；围棋规则是对棋迷智力的最好激励。

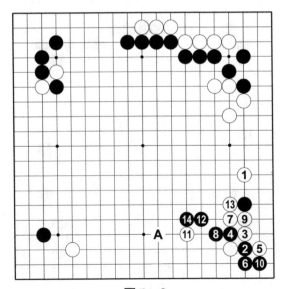

图 1 - 9

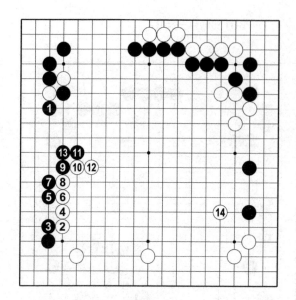

图 1-10

图 1-10 黑 1 打吃一子虽然实利很大,但白 2 飞压是绝好点,以下至白 14 镇,黑难受。

黑 7 走 9 位之前得引征,如单走 9 位,白可 11 位征吃黑一子。

黑 7 如先在 11 位长,则白棋拆二,这是白棋的预定计划。黑 7 引征、9 夹则出乎对方意料。白 8 很想脱先在左边行棋。

图 1-11 白 1 是极大的一手,但黑 2 至白 9 在右下先手定型后,黑在 10 位打入,白苦;如白 1 改走 A 位,则对左下的黑棋没有影响。

实战中白方的想法是:黑 7 和白 8 的交换是黑损,白先取得便宜,等待黑方在左边的行动,白再相机腾挪。白 10 也有——

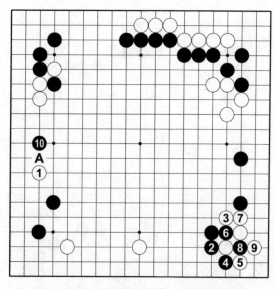

图 1-11

图 1－12　白 1 以下的作战走法，气魄宏大。

谱白 16 是重视实地的作战，此着也可在 A 位压。白 22 尖是形的要点。

黑 27 如果在 B 位接，白便 27 位断。如黑 27 接后，白 28 扳，变化就复杂了。从此已可看出局面纷乱的预兆。黑 29 必然，如果脱先，被白在 C 位关，右下角便全部成为实地。

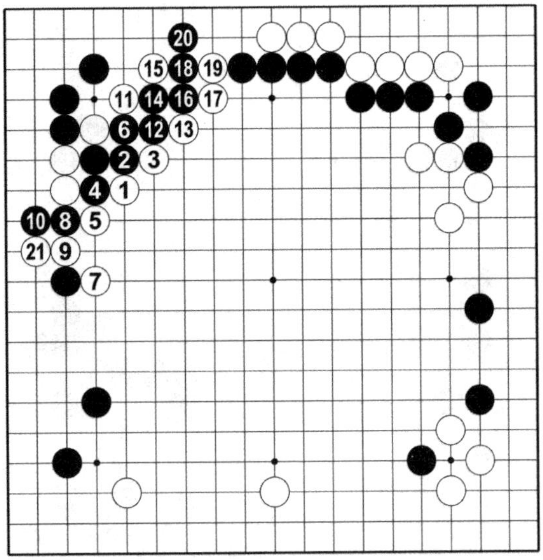

图 1－12

第三谱　1—40
（即 61—100）

图 1－13　下边正进行紧张的战斗，为什么百忙之中白在 2 位打呢？这是试探一下黑方的应手，黑接或脱先或如本谱做劫，白下边的走法也随之改变。

白 2 在下边行棋，但选点困难。白 2 打，黑如粘，则白 2 是先手便宜，但黑 3 做劫，局面突然复杂起来了。

黑 5 气魄惊人。白 6 此时可选择解消劫争。

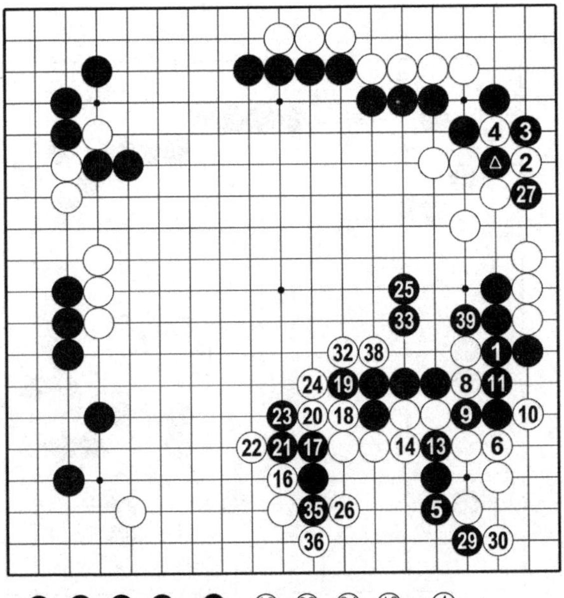

❼、⓯、㉛、㊲＝▲　⑫、㉘、㉞、㊵＝④

图 1－13　实战谱图

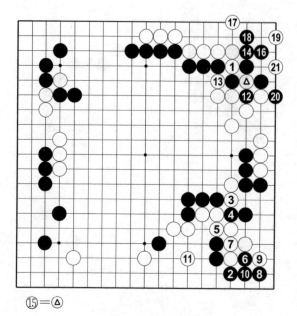

⑮＝△

图 1－14

图 1－14 白1断打，解消劫争，下边大致成为到白11为止的应对。右上角黑12以下到白21，无论怎样挣扎，黑也无法避免被吃。如果形成此局面，白棋可下。

白10感觉应如——

围棋轻妙 2 桥本对复杂变化能一目了然、揣度如神，加之他天性干脆利落、心灵手快，所以他才不与对手纠缠，博得一个美名。

图 1－15 白1冲，黑2只有退，白3冲、5尖逃出，这样应该比实战好。

实战中白16以后几手借劲行棋，是作战要领，至黑25补，吃掉两个白子，双方激战告一段落。

白26不得已，如脱先，则被黑在35位挡下就难受了。白26很想提劫——

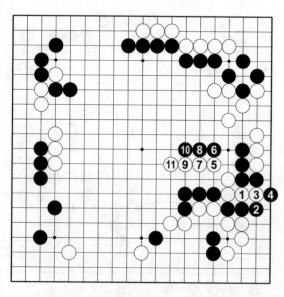

图 1－15

图1-16 白1提劫，黑2挡下严厉，白3如跳，则黑占到4位要点，之后还有A位托，白难两全。

实战中黑既然在27位断，就势必要利用下边的劫材打赢劫争。相较之下，白方从容。

白32、38寻劫正确。至此，白先在上方的作战中取得成功，右下角白获取实地；而黑在劫争方面稍有趣，形势两分。

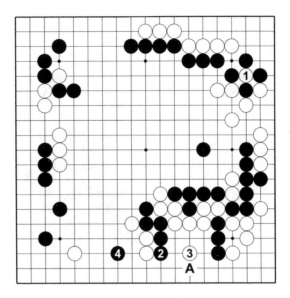

图1-16

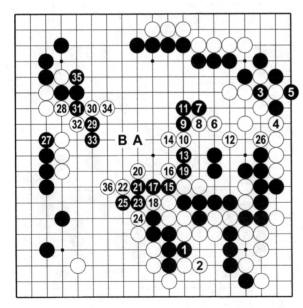

图1-17 实战谱图

第四谱 1—36
（即101—136）

图1-17 黑1寻劫，白劫材不够，因此只能在4、6退让。但白下边已有所得，双方得失相当。白6一方面加强自身，一方面向中腹进军。

黑7是拼命的一手。黑11藏有埋伏，看起来好像方向不对，但在此场合下却是有趣的下法。白12是有策略的一手，保住自己的眼形，同时威胁黑眼位。此处是中盘复杂之处。

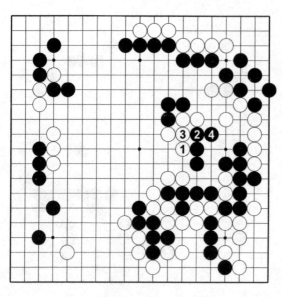

图 1 - 18

·经典珍藏·

图 1 - 18　白若在 1 位虎,则黑 2、4 即可先手活净。

实战中,白 16、20 巧妙,至 24 吃净黑六子,但白 26 补活难受,是严重的问题手。此处白棋有相当的弹力,即使让黑再走一手也不会简单地死去。白 26 应走 A 位单关,整顿中腹棋形,加强与左边白棋联络。

黑 27 夺白根据地,不仅仅是单纯攻击这块白棋,还瞄着中腹白棋,准备缠绕攻击两块白棋,以掌握胜机。黑 29 飞,严厉地攻击左边白棋。对黑 29,白除在 30 位跨外别无他法。

黑 33 只得长,如果在 34 位打吃一子,被白在 33 位打,简单地成眼形,黑不好。

到黑 35 为止是必然之着,白 36 似乎是第二个败着,觉得应在 B 位飞。虽然此处变化很难算透,但连带从右边到中腹的一团黑棋已成为两处环绕攻击的情况,此处白有种种手段。

第五谱　1—67
(即 137—203)

图 1 - 19　黑 1 关,

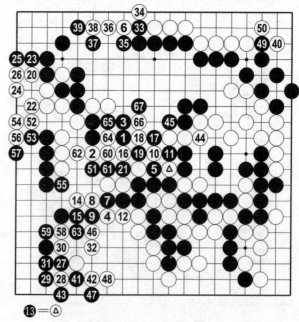

图 1 - 19　实战谱图

白 2 如在 3 位尖顶,则难解。白 2 在 5 位接较好。因黑需要应一手,白棋本身尚可补强。如果是这样走,白颇有希望。

图 1 - 20 白 1 接是有趣的下法,可以吃到右边的黑棋,经白 3 到 9 的先手,白再 11 位飞,以下至 27 为止,黑棋无眼。即使黑 28 以下对杀,至白 41,白也可活。其中黑 38 如在 A 位接,则白在 39 位爬,黑也无分断白五子的手段。谱中白 4 也应如——

图 1 - 21 白 1 接,黑 2 必然,白 3 尖如果是先手的话,结果就会如图 1 - 20 黑被吃。但黑 4 是妙手,可脱险。黑 10 关补后,

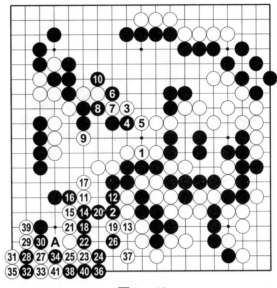

图 1 - 20

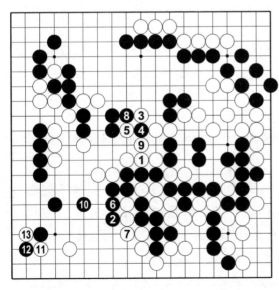

图 1 - 21

白 11、13 从角上动手,虽是细棋,但白好。

实战中被黑 5 冲出,白难受。白 6 不好,此时正是中腹忙乱之局面,虽然被黑 33 位挡上很大,但应在 7 位接。最后可能是输了,但至少是细棋。

黑 7 冲出,白棋已经不行了,这里桥本先生可能出现了错觉。即使没成算,白 6 在 7 位接,胜负尚未定。白虽在 8 位挡了,但可能是误算。

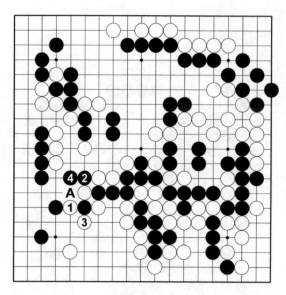

图 1 - 22

图 1 - 22　白在 1 位打时,黑 2 断。黑 4 如果在 A 位打则成劫。而单在 4 位长,白几乎毁灭,不行。

对黑 17,白 18 做劫,左边白棋还须做活,局势已无法挽回。

此局白方的趣向在布局时巧妙地取得战果,而因黑棋顽强抵抗导致的误算,令人惋惜。桥本先生在任何场合,展开新手的勇气和力量,值得钦佩。

围棋轻妙3　桥本另一个突出特点,就是他的"马拉松人生观"。他不愿领跑,总是紧贴最快者,并时时准备超越。他性淡清雅,棋风轻妙自如。桥本最喜为人题写"雨洗风磨"四个大字。通过惊人的努力,他练就了健壮的身躯,并以非常的坚韧,创立与日本棋院分庭抗礼的关西棋院。

1977 年他作为团长率日本围棋代表团访问中国,在武汉时,笔者的同胞哥哥刘乾利上场比赛,笔者本人作为裁判亲睹桥本尊面,成为那时的美好记忆。

天　才(一)

围棋是胜负的世界,纵然满腹经纶,心比天高;如果不能在棋盘上次次将对手击倒,那就只能承认棋道生活的失败。万涓成水,岁月铅华洗净,拨开数十载乱云尘上,只发现,吴清源和李昌镐笑对夕阳黄昏,无愧无咎,参天而立。

第2局 日本第三期名人战

黑方 吴清源九段 白方 宫本直毅八段

（黑出五目 共189手 黑中盘胜 弈于1964年1月23、24日）

吴清源 解说

第一谱 1—25

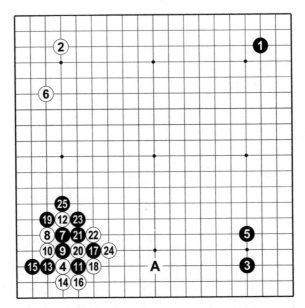

图2-1 实战谱图

图2-1 白6守角，是极寻常之着，可能当宫本君在6位守角时，大概早就将布局的蓝图描绘好了。

黑7必然。对白8托，黑如采用——

图2-2 至黑5为止,由于左上是白大飞守角,黑不满。

谱中黑9、11走雪崩定式,为的是与右下单关守角呼应。白12如于19位长,则黑14位打,白13位粘后,黑于A位拆成绝好点。现在白12选用上扳的定式,想必是白6在左上守角时预定的行动。

小雪崩不同于大雪崩,变化稍简单。不过必须算清征子。

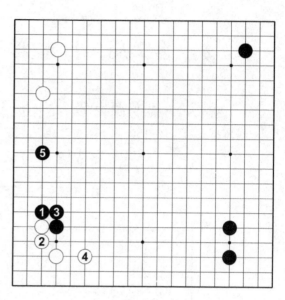

图 2-2

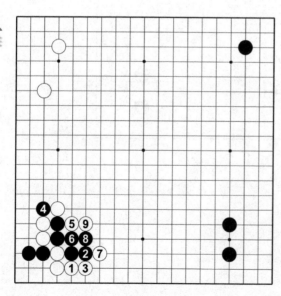

图 2-3

图2-3 白5以下便有征子关系。

谱中右上是黑三·3,故征子于白有利;如黑子在星位,则征子黑有利。谱中黑17虎必然。

棋 幸

我以为,作为棋迷是幸福的,作为棋手不一定。

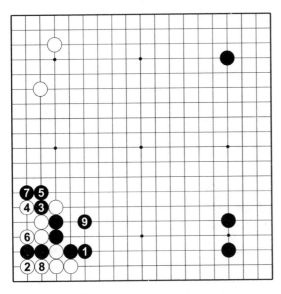

图 2－4

图 2－4 征子于黑有利时，黑 1 长，则白 2 以下无奈，到黑 9 为止，黑有利。谱中黑 19 不能粘。

围棋雪崩 1 定式并不是专业棋手的专利，业余棋手也可以发明定式，比如雪崩型。昭和年代初期，长谷川章在《棋道》上答读者问时说："没有比这更臭的着法了。"但是据说后来他重新研究了一番。

图 2－5 黑 1 若粘，则白 2 虎，白棋得到全部角地，至白 6 为止，白实利大。

谱中黑 25 若不提——

围棋雪崩 2 发现这种着法变化多端，完全可以成立。因此才有了雪崩定式。雪崩可以称为现代定式的花型（繁型）。

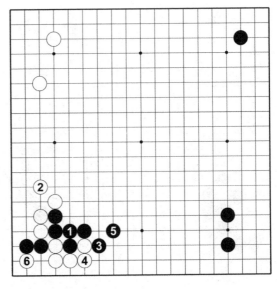

图 2－5

图 2 - 6 黑若在此脱先,白可 1 位长,以下至白 5 扳,黑棋此处厚势全部被消。

实战中黑 25 提后告一段落,至此是白方所期待的布局。左上角占到大飞守角的好位置,左下方连提两子,可与右下角黑棋单关守角的势力相抗衡。

[吴清源也发明了黑棋不在 1 位提的定式以后的下法,因此时布局没有急着要下的地方,故实战黑 25 提完成定式。]

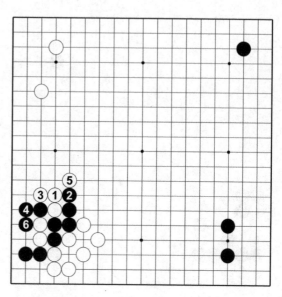

图 2 - 6

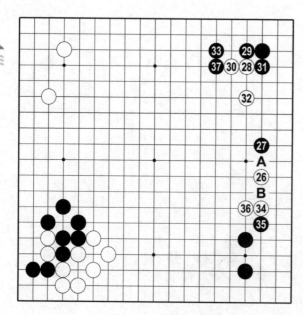

图 2 - 7　实战谱图

第二谱　26—37

图 2 - 7 白 26 面临多变的场景,难走。此手虽可在 A 位分投,但黑立即于 B 位飞拦,白 32 位挂后,黑 33 位拆,白稍不满。

围棋雪崩 3 尽管几度认为有了它的决定版,但是推翻这个决定版的新着法,还是不断涌现出来。

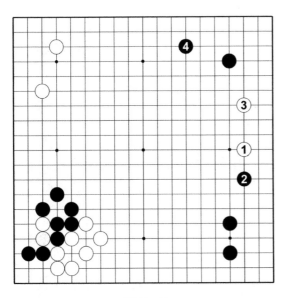

图 2－8

图 2－8

右上黑子如果是在星位,则白 1 分投也可成立,黑 4 飞后,黑角仍可侵入。

但谱中右上黑是三·3,分投则是黑棋有利。黑从 27 位逼,这是当然之着。

白 28 阻止黑于 37 位大飞守角。黑 29 如于 31 位长——

图 2－9　黑 1 先长这边,则白 2、4 应后,黑不好。

谱中 29 朝另一方向长,为的是往上边发展。黑 33 得以从这个方向跳出,是黑 29 长时预定的下法。白 34 坚实,也是多变的一步好棋。

围棋雪崩 4　1957 年 2 月,在第 1 期日本最强者决定战中,执黑的吴清源九段在"大雪崩定式"中一反传统的下法,走出了划时代的新手,从而震撼了日本棋坛。

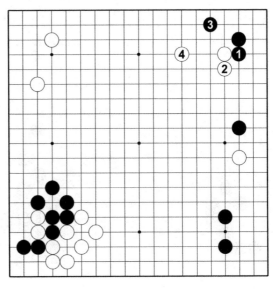

图 2－9

图 2－10　这是我与藤泽朋斋的一局，下方守角形状虽不同，但白 1 尖后，走成至白 5 的结果，白棋损失实地，不能满意。

实战中黑 35 尖顶时白 36 上长是好手。

围棋雪崩 5　其一，根据周围的状态，选择既有定式中的任何一种走法都不能满意，为了适应当前的局面，采取临机措施，从而走出了新手。

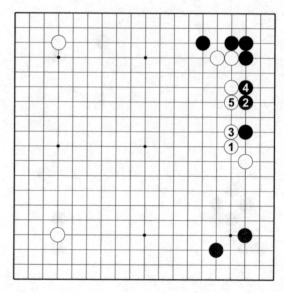

图 2－10

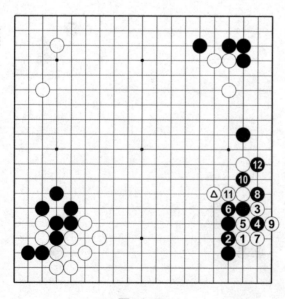

图 2－11

图 2－11　如果白在△位跳，将来白 1 点时，黑有 10、12 的反击手段，故白如果下 11 位，则黑 10、12 的手段就没有，不能不注意这一点。

实战中黑 37 有各种各样的走法。

围棋雪崩 6　其二，同上述情况相反，平素对其一新的手段早已经过充分的研究，有意识地在实战中开始试用。

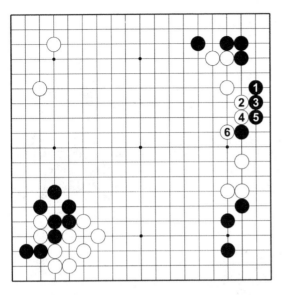

图 2-12

图 2-12 黑 1 大飞,至白 6 为止,白外势甚厚。这么早出现外势,黑极为不满。

围棋雪崩 7 或对局中遇到适当的时机,在脑中突然闪现出来,从而应用了这一新手。

前者是处于特殊情势下偶然走出的,因而利用的可能性和利用范围是极其有限的。

图 2-13 黑 1 关至白 4 飞,这是常识性的着法。

实战中黑 37 长较为简洁。从另一个方向出击,寻找行棋的步调。

围棋雪崩 8 唯有后者才可以说是纯粹的新手。吴清源走出的新手,同现在最流行的大雪崩定式中所应用的次序有根本上的差别。

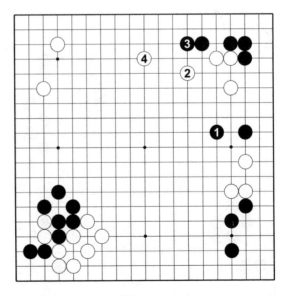

图 2-13

图 2-14　白 38 是正着。

围棋雪崩 9　严格说来，这是一个"革命的定式"。这一定式具有极大的研究价值，今后将被广泛地应用。

创造这个新定式的吴清源，对手是执白的高川格。当时，坂田荣男、桥本宇太郎、木谷实、藤泽朋斋等观看了此局。

图 2-15　白若 1 位扳，则黑 2 扳、4 长，至白 11 时，黑有 12 断的手

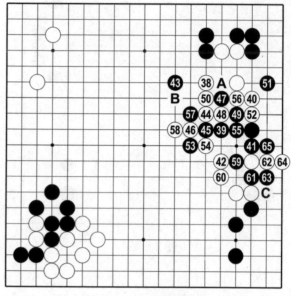

图 2-14　实战谱图

段，这是要点。而右上，白如 A 位尖，则黑可 B 位做活。

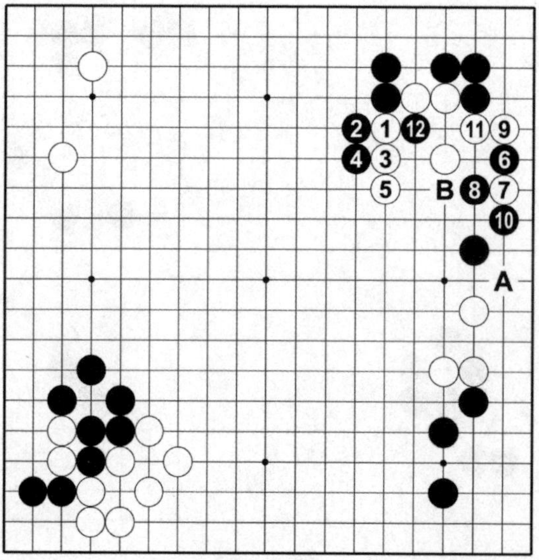

实战中黑 39 关是步调，白 40 也是求安定的好棋。黑 41 并，阻渡。白 42 是形。

本局第一关键——失去次序。黑 43 先占下一步白要走之点，正所谓"敌之要点即我之要点"，虽是好点，但在此之前，应于 47 位先手觑，等白 A 位接后再走 43 位，次序才好，黑先手觑了之后——

图 2-15

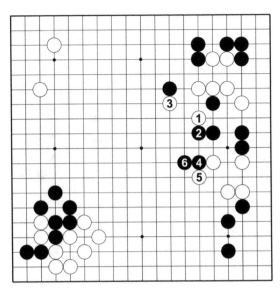

图 2 - 16

图 2 - 16 白 1、3 向外逃,黑可 4 压、6 长,简明。

实战中白 44、46 严厉,此处黑难逃出。

黑 47 再在此处觑,白当然不会于 A 位接了。黑 51 是要点。黑 53 以下已经算定。黑 59 是脱险的唯一要点。

白 60 退,理所当然。

图 2 - 17 白 1 打,黑 2 冲、4 曲后,黑 6 便可安心地于此处长。白 7 立,黑 8、10 是要点,是盘渡的要着。黑弃去 2、4 等三子,上方白子却不能安定,白如 A 位顶,则黑可 B 位夺白眼位,白危险。

实战中黑 61 打,至此双方根据已经算定的走法行棋。白 62 如于 B 位枷吃黑一子,则黑于 C 位渡后,右边全成黑空,白棋的着法就松弛了。

白 64 立,妙!

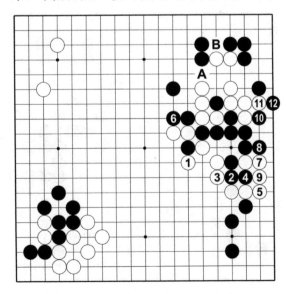

图 2 - 17

图 2-18 白 1 立即断，黑有 2 扳的一着，白 3 提，黑 4 打，白棋不好（黑有于 A 位的双打）。白极不好补棋，走什么都难受。

围棋雪崩 10 到了 2016 年，雪崩型产生已有 80 多年的历史，在世界大赛上有当今围棋强豪李世石、柯洁中飞刀的战例。

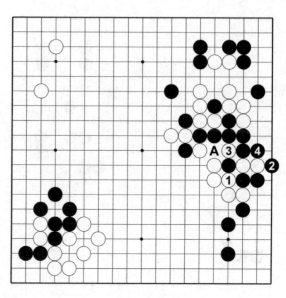

图 2-18

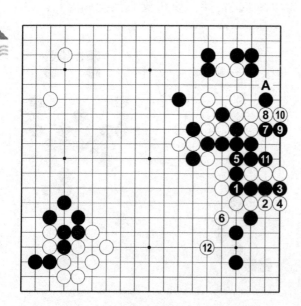

图 2-19

图 2-19 对此，黑 1 接，被白走 2、4、6，黑棋不好，此时黑 7、9 非做活不可，这样白 12 飞，在下方形成大形势。至于上方的白棋，因为可于 A 位做活，能够脱手不走。

围棋雪崩 11 在 2004 年 4 月 12 日，第 17 届"富士通杯"比赛第 2 轮，韩国李世石执黑与中国台湾的周俊勋相遇，周俊勋下出雪崩型的最新成果，摧毁了天王的防守。

经典珍藏

第四谱 66—86

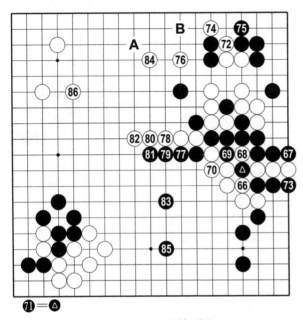

图 2 - 20 **实战谱图**

71 = △

图 2 - 20　黑 67 走后，再走 69 打是次序；如先于 69 位打，则黑由先手劫变成后手劫，大为不同。

白 72 冲找劫，由于白在此处的劫材相当多，因此黑 73 提当然。白 74 扳的方向正确。

棋 趣

棋迷是永恒的，棋手是终生的归属，各有各的乐趣。

图 2 - 21　白 1 若在角上扳，则黑 2 先手立后再 4 位渡，白 5 枷时黑 6 拆，黑走好上边，舒服。

实战中白 76 紧凑。

围棋雪崩 12　2015 年 1 月 11 日，第 2 届"百灵杯"世界围棋公开赛决赛第 3 局，柯洁执黑与邱峻对弈，柯洁一头扎进大雪崩这个古老迷宫，在寒光一刀前惨遭重创。

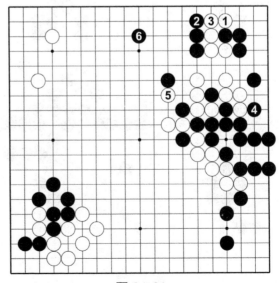

图 2 - 21

图 2 - 22　白 1 枷，黑 2 长，以下从白 5 至黑 8，黑不坏。

实战中黑 77 压到黑 83 大跳后，如果能够鲸吞贴在黑壁上的白七子，实空巨大。

白 84 补，好。此处如不补，则黑即于 84 位附近打入（例如 A 位），颇为充分。此外还可投于 B 位等处，有种种走法。

黑 85 围，看白如何走。如果成为互相围空的棋，则白大致于——

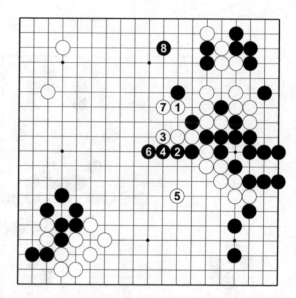

图 2 - 22

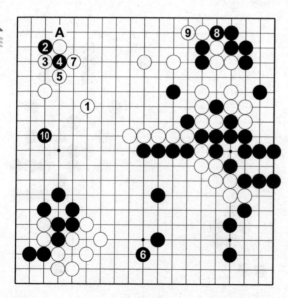

图 2 - 23

图 2 - 23　白 1 位大飞，黑便 2 位靠，白 3 扳，黑 4 扭断后有各种手段。白在此大概于 5 位打，黑 6 于下边尖，白 7 如果不提（黑于 A 位扳打可活角），黑 8 断、10 拆。这样双方实空对比，黑贴五目，仍是黑稍好的形势。

白 86 关，由于按照图 2 - 23 中的下法黑可活角，今关而围地，确保角空。

第五谱　87—100

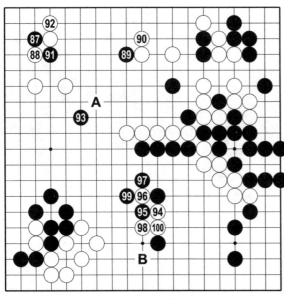

图 2-24　实战谱图

图 2-24　黑 87 试白应手是妙着。

词

无名

荒草阡陌，
寻纹枰旧梦，
最无聊时刻。
落花庭院，
算人生残棋，
好后悔当初。

图 2-25　白 1 立不干净。黑 2 长，白 3 如尖，则黑 4 靠后，白难应。下一步白如 A 位长，则黑 B 位退，白 C 位接，黑便有 D 位飞的下法。

实战中白 88 扳，稳健。上边就这样让白成空，黑不合算。黑 89 靠是锐利的一手。

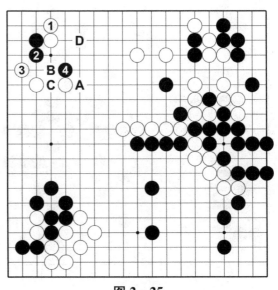

图 2-25

图 2-26　此时白如在 1 位上长，则黑 2 扳、4 虎后，纠纷产生。下一步黑既可于 A 位扳，又有于 B 位、C 位扳的要着。

实战中白 90 立下，则黑 91 扭断，试白应手。白 92 立下，拒绝黑棋活角。黑 93 大致如此。

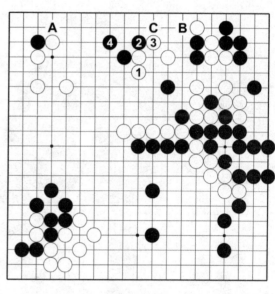

图 2-26

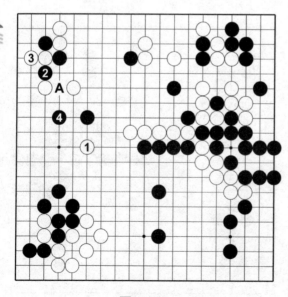

图 2-27

图 2-27　白 1 位飞，黑 2 打、4 关，此后黑有 A 位挖的要着，白不能将中腹黑子全部吃掉。

谱中白 94 此时如在 A 位飞，则黑 B 位守，充分。

由于看到围地无成算，白 94 开始拼命扭杀。

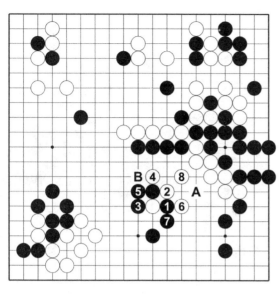

图 2 - 28

图 2 - 28 黑 1 如扳这边,则白 2 扭断要点,以下至白 8 虎,或于 A 位做活,或于 B 位压出,白二者必得其一,黑陷入两难。

因此谱中黑 95 从外面扳。对白 96,黑如照——

[信心非常重要,毕竟围棋太难了,这是仙人的游戏,凡人只能接触它的边缘,围棋内部隐藏的神秘道,只有不断等待来者修道。]

图 2 - 29 黑于 1 位应,白 2、4 是要点,白 6、8 如打出,则黑 9 断,以下至黑 15,白棋不能立即吃到此处黑棋,对杀黑胜,黑好。故白 12 不能退,只能在 14 位接,如此黑便 12 位打,此后由于白即使下在 A 位,也不能吃到黑 △ 子,仍是黑好。

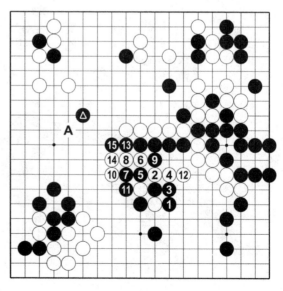

图 2 - 29

图 2-30 黑1打、3接时，白4靠，看黑如何应？黑5如长出，则以下至白20止，黑被吃。图中黑5如于7位打，此处可以太平，但白立即于5位扳吃掉黑一子，以后黑A位尖，白B位拆，是各得其一之处，白形势不错。

因此谱中黑97打在上方。白98打、100接，突破黑阵。

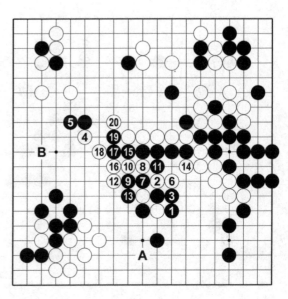

图 2-30

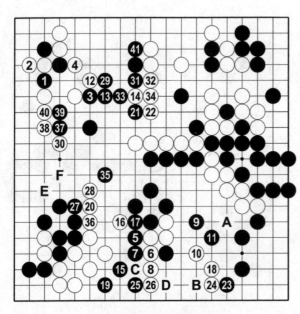

图 2-31 实战谱图

第六谱　1—41
（即 101—141）

图 2-31　白4如于12位扳，则黑于13位长，下一步黑棋走到34位要点，非常严厉。白4如脱先——

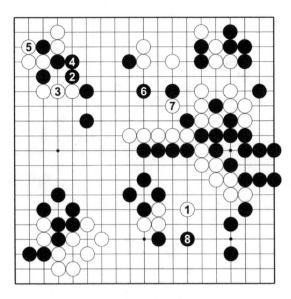

图 2 - 32

图 2 - 32 白如 1 位关，则黑 2 扳、4 接巧妙。白 5 不得不打，黑 6 关严厉，白 7 只得枷，黑 8 在下边应，成为互相破空的形状，全局黑不坏。

因此谱中白 4 打是本手。黑 9 围后，形势不坏。

本局第二关键——缓着。黑 11 围稍缓。

图 2 - 33 此时黑 1 虎才是大棋。此处黑 A、白 B、黑 C 提是先手，下一步黑棋于 D 位关，颇为严厉。

实战中即使白到 11 位尖，黑于谱中 A 位尖，阻止白棋联络，没有什么大不了的。白 14 封空是大棋。

黑 15 先分断白棋，大。下一步白 16 如于 19 位尖，则黑于 B 位飞颇大，白于 C 位曲渡，黑再于 D 位拆一，且得先手，边空出入很大。

白 16 先觑后，再于 18 尖，破坏黑棋的计划。黑 19 尖，当然之着。白 20 跳是形的要点，黑 21 靠破空。

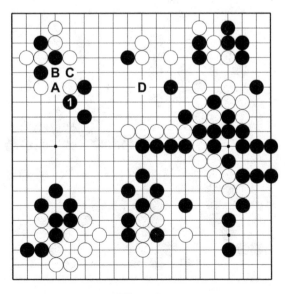

图 2 - 33

图 2 - 34 白如 1 位扑吃黑一子，则黑 2 断、4 打，白不便宜。

实战中黑能曲到 29 位，优势。黑 35 不好。

[修炼八风不动的境界，那太难了，很难达到圣人的标准，平心而论，只要做一个品格高尚的人。谁能给我时间，让世界停顿，让人可以独自钻进深山老林禅思悟道。]

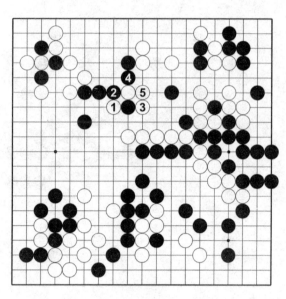

图 2 - 34

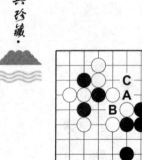

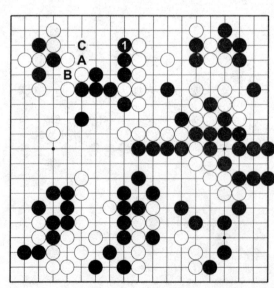

图 2 - 35

图 2 - 35 黑 1 立，使白不能成空，而且以后黑打到 A 位，白 B 位粘，黑 C 位立后，还可以成相当多的空。

谱中黑 35 这一着容易落空。白 36 接，干净。白 36 如在 E 位，则黑于 F 位跳，由于右边白棋相当危险，故不能下。

黑 37、39 从上方取得先手便宜后，黑 41 是大棋。

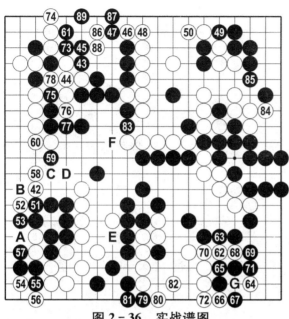

图 2-36　实战谱图

图 2-36　白 42 占到最后一个大场，双方实空接近，成为细棋局面。白 46 如不扳——

图 2-37　黑 1 至 7 是先手官子，9 尖是大棋，能成十余目空。

谱中黑 51 接干净。此处黑如不走，则白便于 52 位先手尖，此时，黑如何应法才好呢？这是个令人迷惑的地方，假使黑于 A 位应，以后白于 54 位跳的官子便成为后手，在上面能占到便宜，下面就有些损失。

因此白于 52 位的扳虽然大，亦无关胜负。

白 58 如在 B 位接则无理，被黑 C 位跳，右侧白棋尚未净活，危险。现在白 58 并后，右侧一块白棋或于 D 位通连，或于 E 位做眼，二者必得其一。黑 59 夹，时机正好，白除了老老实实地于 60 位接外，别无他法。

黑 61 尖大，以后于 73 位断是先手。对白 62 尖，

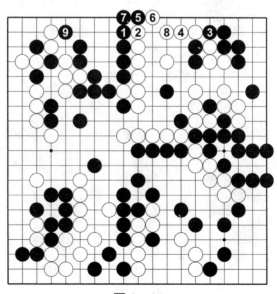

图 2-37

黑63应于65位挤,白于70位接后,再于68位接才坚实。黑63接不干净,白64点角之前,似应照——

图2-38 白1与黑2先交换,白3再点角,黑如果于4位顽强抵抗,则白5跳、7尖之后,就难以应付,无论怎样角上似乎终有一劫。但由于白方没有劫材,而黑方的劫材甚多,因此亦不至翻盘。再加上宫本君时间已经用完,是不能细算这一变化了。

谱中黑73断,本手官子。

图2-39 黑1、3若扳粘,则白4接之后,由于白于A位接是先手,则黑

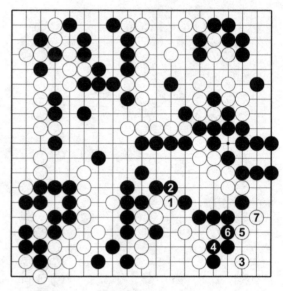

图2-38

于B位挡,便不成为其先手。

实战中黑83长,走厚中腹。白84先手。

白86于F位长出虽然很大,但如这样走,便是普通的收官手法,那时黑B位打,白曲打,黑提白一子后,白于上边86位夹,黑87位立,白89位尖,黑88位挡,白接回86位等子,黑转于下边G位接,如此估计黑盘面可胜十目。

白88与其说是损着,

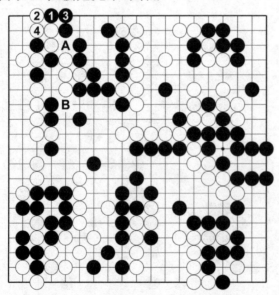

图2-39

不如说是败着。白 88 如于 89 位尖,则黑只能 88 位挡——

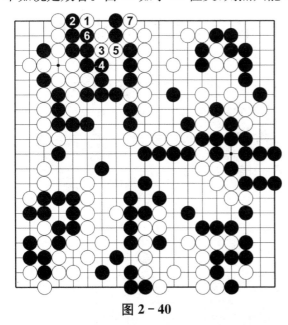

图 2 - 40

图 2 - 40 黑 2 断无理,黑两子被吃。

由于白 88 不于 89 位尖,因此便被围住吃掉,白立刻告负。

[一个能在棋盘面前一坐二十年的人,必定是个爱棋的人。这样的人,也爱思考人生,品棋悠远,品人境界。]

天 才(二)

想当年,木谷实、藤泽朋斋、桥本宇太郎、坂田荣男、高川格等也是一代天骄,如果没有吴清源,他们也将功绩彪炳,名垂千古。然而,"身穿藏青底白碎花纹的筒袖和服,手指修长,脖颈白皙,使人感到他具有高贵少女的睿智。"川端康成描写的吴清源出现后,从此,20 多年血雨腥风十番棋,吴清源将强大的对手们一一降格。

第3局 日本第十九期本因坊战

黑方 高川格九段 白方 坂田荣男九段

（黑出四目半 共272手 白胜一目半 弈于1964年5月3日）

吴清源 解说

第一谱 1—22

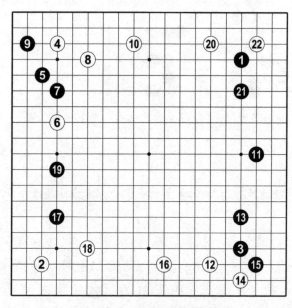

图 3-1 实战谱图

图 3-1 黑1、3走星位是高川九段以前连霸本因坊位时爱用的布局。白22走三·3也是数年前坂田本因坊登位以后到现在仍在流行的布局。

黑9是常见定式。

图3-2 黑1至9的定式也很流行。

白10拆稳健,亦少见。

围棋胜负1 "高川最不擅长的部分,正好是我最擅长的地方"。高川和坂田在行棋的本质上是不一样的,由坂田这一句话而道破了。但是,在对棋的运筹帷幄方面,坂田作为胜负师,对高川的资质是给予了很高评价的。

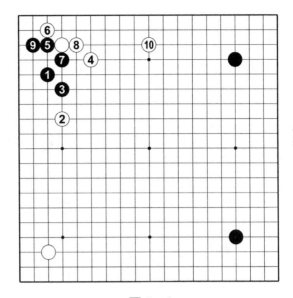

图3-2

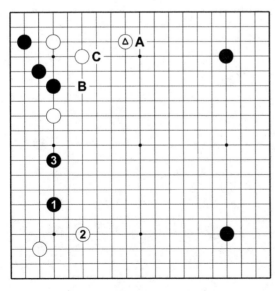

图3-3

图3-3 白△与A位的拆,使黑B位价值产生差别。如果白A位拆,则黑B位关,上边就有C位靠等手段,B位关价值大;而白△位拆,则黑B位关的价值就小很多,因为白棋结实,黑棋手段少一些。

谱中白12应该在这样宽阔的地方挂。黑17、19方向正确。

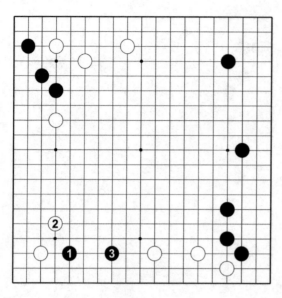

图 3-4

图 3-4 黑 1、3 则属于错误的行棋方向。

谱中着法是使左边白子薄弱，特别是白 6 一子孤单。

围棋胜负 2 身负最高位、最强位等殊荣的坂田，向本因坊高川格挑战，作为围棋界的"金牌对局"，在当时引起了极大的轰动。

图 3-5 考虑到白在左右的开拆，黑也可以选择 1 位尖冲的定式。

白 22 选择了角空。便是现在流行的着法，其实很早就有了。

围棋胜负 3 在本因坊第 16 期挑战对局结果的预测中，以高川在本因坊赛中不可思议的九连霸和坂田在各种大赛中绝佳的好成绩为依据，五五分的意见占多数。

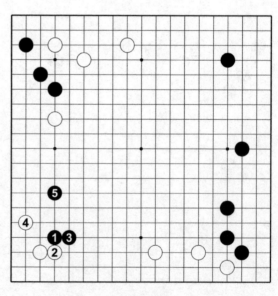

图 3-5

图 3-6 白选择 1、3
的定式，上边的配置很不
错，但黑 4 关也是超级好
点。四个角都是定式，边角
结构具有美学价值，这是日
本围棋的精髓。

围棋胜负 4 46 岁的
高川和 41 岁的坂田，在第
2 局坂田执白胜一目半的
棋里，向来计算准确的高川
却数错了两目棋，误以为自
己赢了半目。

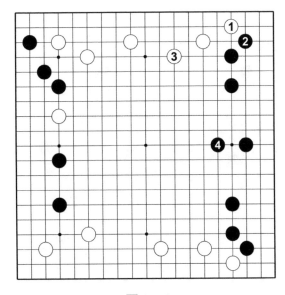

图 3-6

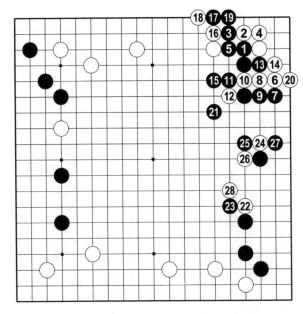

图 3-7 实战谱图

第二谱 1—28
（即 23—50）

图 3-7 黑 1 隔
断虽是当然之着，但黑 3
也有其他的选择。

围棋胜负 5 还有
在坂田执黑胜半目的第
3 局，坂田认为不止赢半
目，要求重新复盘数子，
对局者把目数算错，是
由于疲劳过度所致。

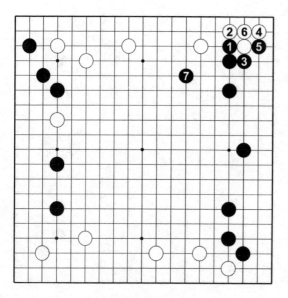

图 3-8

图 3-8 黑 3 拐, 白 4 虎, 黑 5 先手打后再 7 位扩张右边也是不错的思路。

如谱中使白外面棋子受伤, 可下, 形成黑巩固外势、白取角地的局面。

黑 13 新手, 普通是在 15 位单长, 这样白须走 13 位做活。

围棋胜负 6 这次决赛双方都十分疲惫, 特别是在第 5 局时, 高川已累得快倒下了。

图 3-9 黑 2 退时, 白若脱先, 则黑有 4 位扳至 12 的杀角手段。

实战中白 12 如单在 13 位接——

围棋胜负 7 主办比赛的每日新闻社特地请来医生, 在休息时间, 给两位对局者都注射了营养剂。

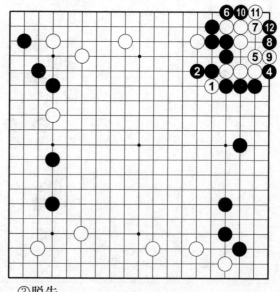

③脱先

图 3-9

图 3 - 10 白 1 接活角,但黑 2 虎,外势很厚。

[现代此型白 1 是走 A 位夹,试黑应手,看黑是走 B 位还是 C 位,再决定行动方案。]

黑 13 单在 15 位长、白 13 位接,黑有所不甘。但黑 13 与白 14 的交换撞紧了气,亦难受(黑 13 是山部俊郎九段的发明,和单在 15 位长,与白 13 位接相比,便宜二目)。

白 14 如在 15 位打——

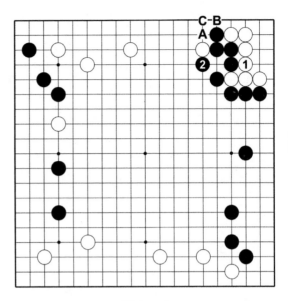

图 3 - 10

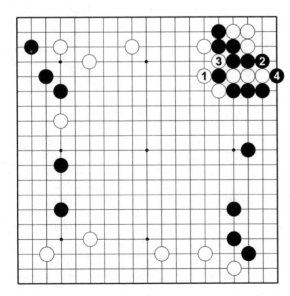

图 3 - 11

图 3 - 11 白 1 打,则黑 2 反打成转换,黑实地干净,白无趣。谱中白 16 尖是现代流行的着法。黑 19 粘后,白 20 是稳妥的下法。

围棋胜负 8 作家尾崎一雄这样写道:"在下到黑 51 时,高川本因坊好像轻轻地点了下头,于是坂田九段说:'是我好半目吧!'坂田一边说,一边看看观战席,想要得到确认。"

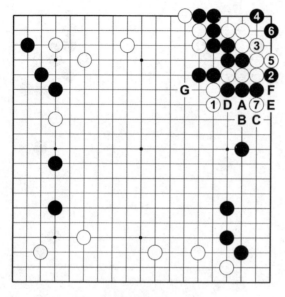

图 3-12

图 3-12 白1长也能成立。黑2扳，白3接是要点，黑4、6杀角无理，白5、7是好棋，以下依次从黑A至F成劫。初棋无劫，白万劫不应。因而黑4只能G位尖，结果成为白在5位挡的变化。

围棋胜负 9 坂田4胜1负获得梦寐以求的本因坊，站在了棋界的顶点。这一切都得益于其十年的成长历程。

[此处的解说概括了现代此型所有的内容。]

图 3-13 黑2扳时，白3若虎则要出问题，以下至黑8，白虽可活，但四子棋筋被吃，不好。

谱中黑21封，当然。如被白一子活动出来，黑两面被切断，不好。黑吃白一子厚实，本手。

白22当然，白24是坂田流的强手，想在此处腾挪。白24如走25位，则被黑走到24位，以后找不出后续手段。白在此处下子，企图随时将白12一子拉出。

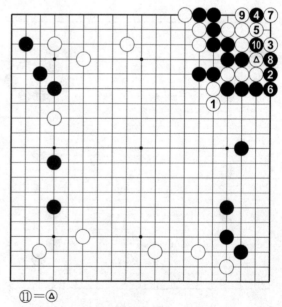

⑪=△

图 3-13

040

图 3 - 14 白 1 直接出动不成立,至黑 12,白死。

谱中黑 25 如走 26 位,则白可将 12 一子逃出,即图 3 - 14 的手段就成立。黑 27 是一策。

围棋胜负 10 第 18 期本因坊挑战者是高川,虽然拥有自信去面对七番胜负,但高川仍是坂田的强敌。到了决定性的第 5 局,疲惫不堪的高川下出了败着,执白的坂田幸运地取得了半目胜。

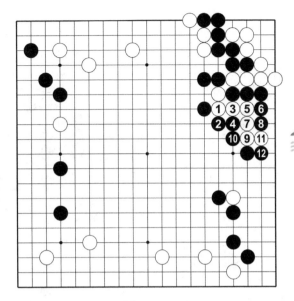

图 3 - 14

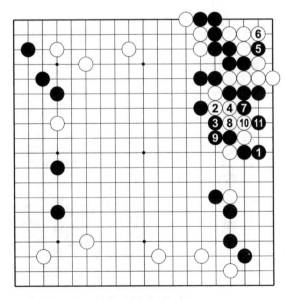

图 3 - 15

图 3 - 15 黑也可以在 1 位立,白 2 仍不能逃,黑有 5 位断的长气手段,至 11 为止,白被吃。

谱中白 28 扳,极力腾挪。

围棋胜负 11 第 5 局傍晚打挂时,坂田并没有意识到自己的优势。晚上上床后,到半夜两点醒了,一下子感到有问题,反省自己当时的着法。

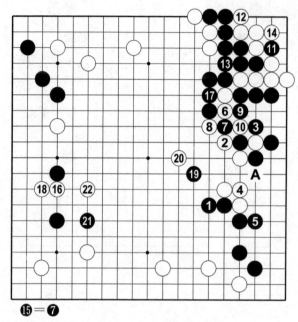

⑮＝⑦

图 3 - 16　实战谱图

图 3 - 16　黑 1 在 4 位断打，无理。

围棋胜负 12　一瞬间惊呆了，于是眼睛越睁越大，再也睡不着了，冥思苦想到天亮，最后下决心攻击下方黑棋，除此以外，已没有打开局面的策略了。

图 3 - 17　黑 1 以下的下法过分，至白 24 扳，黑大损。在此过程中，黑 9 即使在 13 位断打成劫，白劫材多，也可以接受。

这样重大的对局，不宜急起波澜，因此黑采取了 1 位稳妥的下法。

围棋胜负 13　双方都已疲惫不堪了，这时高川下出了痛悔终生的败着。由于胜负紧迫感使大脑仿佛一瞬间空白，高川像被恶魔抓住了，以后因官子而半目负。

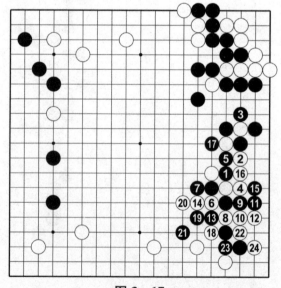

图 3 - 17

图 3－18 图 3－17 中黑 9 如改在本图 1 位打，至白 10 粘，以下 A、B 两点，白必得其一。

实战中黑 3 如在 10 位长，白有在 A 位一打之利。黑 5 绝对不能让白在此处扳。

围棋胜负 14 "为什么会发生那么简单的错误，我自己也不明白。"那个晚上，望着夜空，高川悔得一夜未眠。坂田是对局中一夜失眠，高川是对局后一夜失眠，虽然同为失眠，但却各有其原因。

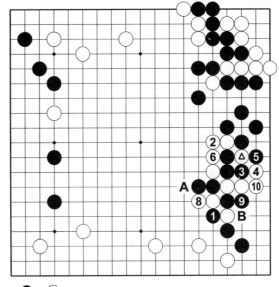

❼ ＝△

图 3－18

图 3－19 黑如 1 压、3 虎，以下进行至白 14 托，白棋可活。

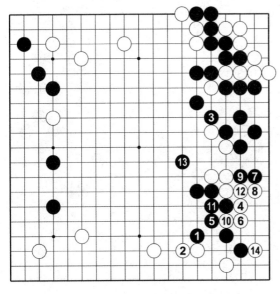

图 3－19

实战中白 6 长出，当然，以下至白 18 打劫转换必然。

此局面下散在右边的白子轻，白棋的态度是使局面复杂化，白可以说是成功的。白 20 轻，为的是保留右边数子的借用。

黑 19 飞后白如脱先，黑就走天元，大规模围吃白子。黑 19 和白 20 的交换黑便宜，因为右边白子紧贴黑厚壁。黑 21 如照——

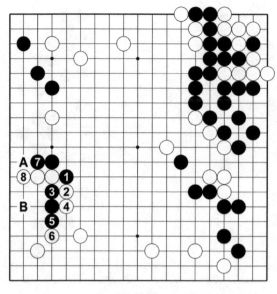

图 3-20

图 3-20 黑1扳过分,白2必反扳,至白8后A、B必得其一,黑恐怕没有成算。

围棋胜负 15 高川回顾那个时期,他刻骨铭心,说道:"不光是看见脸,就是听到坂田这个名字,心情就不愉快。"

第18期本因坊坂田以4胜2负卫冕成功。

图 3-21 铃木七段认为实战下法稍重,应走本图1位,白如走2位镇,黑3至7整形;白2如走A位尖,黑便在下边B位靠进行腾挪。

可能也有这样的下法,但是黑21从理论上讲是行得通的。对黑21,白如照——

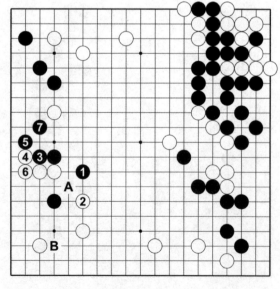

图 3-21

图 3-22 白 2 关，以下至黑 5 的应接，黑可下。

实战中白 22 跳，攻击黑棋。

围棋胜负 16 站在七冠王顶点的坂田，正走在连胜的道路上，23 连胜一路顺风无阻，简直可以说是"无敌坂田。"

谁能阻挡坂田？这是当时围棋界最热门的话题。

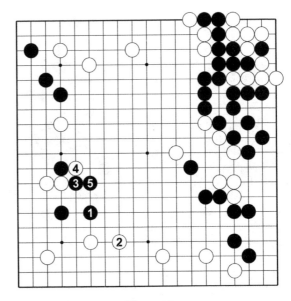

图 3-22

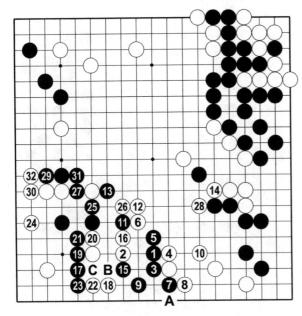

图 3-23

第四谱 1—32
（即 73—104）

图 3-23 黑 1 如走 11 位，让白 2 位关应，无趣。

白 2 反击当然，如在 3 位挡则不锐利。

围棋胜负 17 和全盛期的坂田全力拼搏的是本因坊战中的高川、名人战中的藤泽秀行，两次决赛都是和去年相同的面孔。

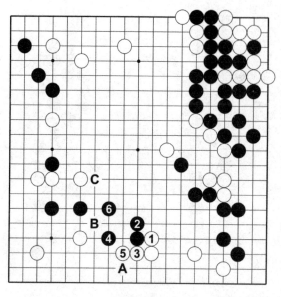

图 3-24

·经典珍藏·

图 3-24 白若走1位贴,黑2长,白 A 飞,在这个场合不能满意。白5若走 B 位尖,那么黑就 C 位靠。

谱中白10持重,如在 A 位打,恐黑做劫。至此,黑有两处弱子,难受。黑11是唯一逃出的要着。

白14试黑应手,是高等战术,如走15位而被黑子逃掉,则有被愚弄之感。白方引出弃子,有引诱黑方陷入作战计划中的用意。

图 3-25 黑若1位挡,被白2断后,生出 A 位断和 B 位并的严厉下法,黑苦。

实战中黑15是要点。

白16如在 B 位挡,则黑也可走17位。

白18似乎只有这样走,如改在19位压,黑 C 位平,就舒服了。黑先手活了之后再于图3-25中1位挡,满足。

黑19至白26是必然的应对。其中白24如不走,则可被黑于此处跳下,角上完全成黑地,很大。

白28扳,吃下面一团黑子,白好。白30如不应,被黑在此处扳,受不了。黑

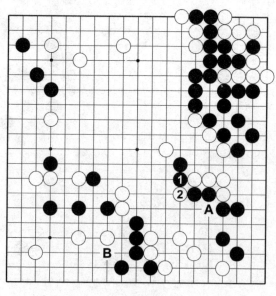

图 3-25

31 如于 32 位挡，则留有 31 位断点。白 32 如不曲补——

图 3-26 黑1点，以下至白 10 立，没棋。但是——

围棋胜负 18 高川、秀行一而再、再而三地树起了打倒坂田的旗帜，虽然没有敲开门，但能做到这点，也足以证明两位棋士的优秀战绩。

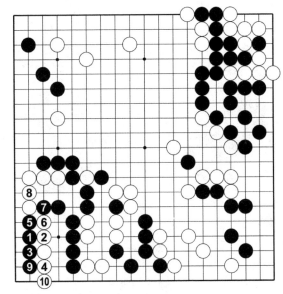

图 3-26

图 3-27 黑1靠严厉，由于 A 位立是先手，以下至黑 17，白棋被杀。

下面黑 A 位有子后，白棋若补左边，黑则 B 位冲，白 C 位挡，黑 D 团，白 E 阻渡，黑 F 扳，白 G 长，黑 H 做眼活了。

围棋胜负 19 被称为"剃刀坂田""治孤坂田"已不足以反映他在棋艺上的强大。漫画家近藤日出造看到坂田连胜不败的势头，在报纸上戏称他为"天杀的坂田"。

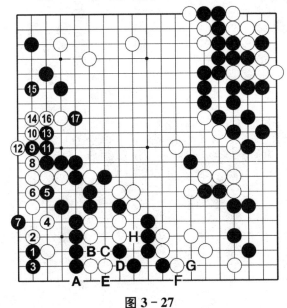

图 3-27

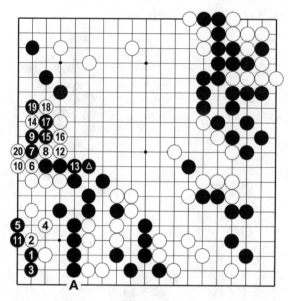

图 3-28

图 3-28 如果谱中黑 31 是提在 △位,则白可脱先,黑 1 再来杀时,白有 12 打、14 顶的手段,白可活。

[专业棋手算路真是深。]

围棋胜负 20 坂田腾挪的厉害在于着手次序的正确,在没有形的地方寻求成形,越困苦越发挥妙技。

第五谱 1—56
(即 105—160)

图 3-29 黑 1 是激烈的一手,周围白棋不干净,很麻烦。

白 2 想要全得,无理。故不得不走至 6 为止。白 4 只能退。

围棋胜负 21 在下本局时,高川牙痛,他很是恼火,于是到对局场"花家"介绍的牙科医生治疗室去拔了牙。但那只是局部麻醉,到半夜两点醒来"痛得快发疯了"。

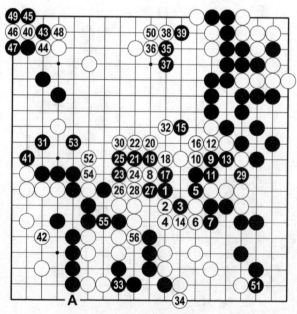

图 3-29 实战谱图

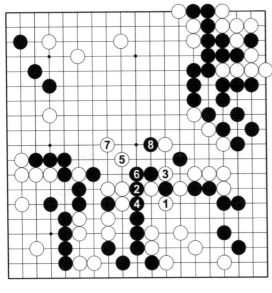

图 3 - 30

图 3 - 30　白 1 打，黑 2 反打至黑 8 可逃出。

实战中黑 7 是愚形妙手。白 8 如走 9 的方向救出这一团白棋,将被黑占 8 位,白全体受攻。

白 10 走净变化是次序。白 14 如在 29 位粘,则如——

棋　魂

自古以来,围棋之精灵总是让天下围棋之人在这方圆之上,用心血磨砺着心中的棋魂。

图 3 - 31　白 1 粘,黑 2 冲,黑 4 打,演变至 18,白四子被征吃。

围棋胜负22　坂田也在这个时期,因为牙病吃了许多苦。他因牙槽脓肿恶化而拔掉真牙装了假牙,可假牙又不太合适,在对局中牙痛的事已不止一次。

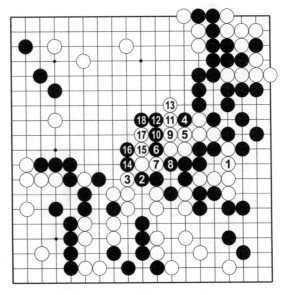

图 3 - 31

图 3-32 白 3 退也不行,黑 6 跳是要点。黑 12 是好手,白棋被枷吃。

在 1964 年 3 月 27 日,在读卖大厅举办了以"坂田本因坊、名人会"为题的庆祝会,有一千多名围棋爱好者参加了盛会。川端康成朗读了赞美坂田的诗词,展示了站立在绝顶上的坂田雕刻塑像的艺术形象。

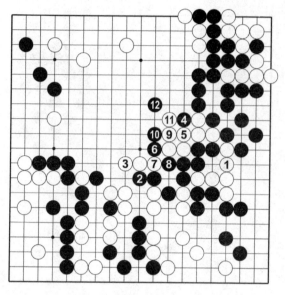

图 3-32

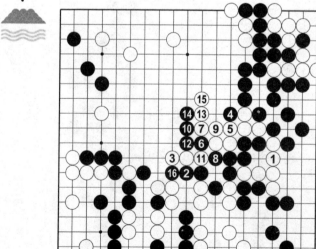

图 3-33

图 3-33 白在 7 位扳抵抗,黑 10 是好手,如图进行至 16 冲,白再无应手。

实战中白 14 接,补一手十分干净。黑 17、19 冲断后,形势已挽回。黑 29 吃白数子之前,必须走 17 到 27 的应接。

白 30 压是急所,黑 31 跳是防守的要点。白 32 绝对,如被黑走到此处,白一团棋被攻,形态崩溃。黑 33 是试探白的应手。

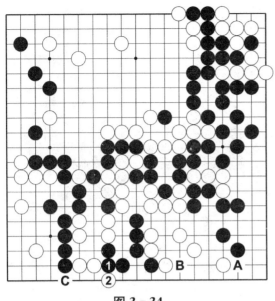

图 3 - 34

图 3 - 34 白 2 也可以扳,但黑在 A 位挡后 B 位夹很讨厌。可实战中白 34 立,使黑 C 位立是先手。黑 39 似乎应先在左下角动手。

围棋胜负 24 "现在的棋坛可以说是正处于'坂田时代',坂田被视为棋界的顶点"。川端康成的赞美诗以此开头,他和着坂田和子的曼妙音乐轻声朗读着。同时,从幕后打出一圈白光,衬托出坂田身穿和服打谱的身姿,爱好者纷纷为之陶醉。

图 3 - 35 因 A 位是先手,黑 1 点入,白如 2 位挡,则黑 3 靠下。又白 2 如走 B 位长,则黑 C 跳入大。

实战中白 40 托,即使被黑外扳,也比让黑先在 43 位尖便宜。黑 41 过于安稳,应采取图 3 - 35 的走法。白 42 如不补,则黑在 A 位立是先手,左方白棋危险。

黑 51 挡时,虽然形势细微,但黑棋有望。黑 53 应接回四子。高川先生可能是形势判断错误。

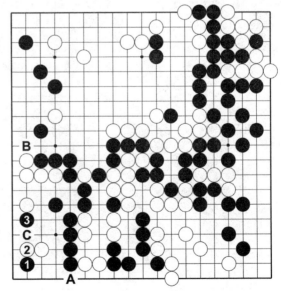

图 3 - 35

图 3-36 黑于 1 位
接，担心白 2 尖，但黑可以
在 3 位镇。因此不管怎样，
黑都应该在 1 位接。

实战中白 54 接，极大。

围棋胜负 25 当时，
在棋士的评论中，山部俊郎
说，坂田的厉害已造成"坂
田遥不可及"的事实。感叹
他和其他棋手拉开了一大
段距离。

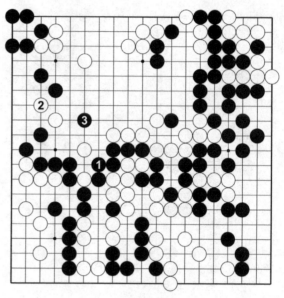

图 3-36

第六谱 1—112
（即 161—272）

图 3-37 黑 5 只
能忍耐。

围棋胜负 26 第
19 期本因坊挑战高川又
以失败告终，坂田三次
打败高川。高川回忆
说："如果没有坂田，我
可以拿到多少个冠军
啊。"

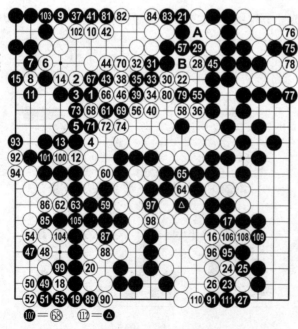

图 3-37 实战谱图

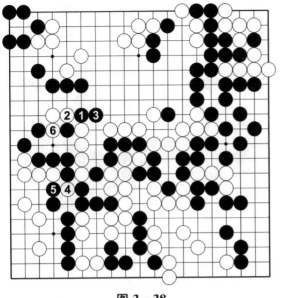

图 3-38

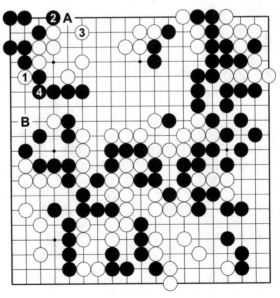

图 3-39

图 3-38 黑1扳，白2断，进行至白6打，黑棋崩溃。

谱中白8试黑应手，是高级战术。黑如防白14位打而照——

[妙手的旁边就是庸着，手筋前边就是坟墓，知其然，不知其所以然，这是棋家大忌。]

图 3-39 黑2、4应，则白A位打是先手，还有在B位的余味，麻烦。

实战中白18先尖再20位补，大。此手如在A位接，胜负就变得细微。

棋 侃

所有的马甲血迹斑斑、所有的故事都历历在目，然后丢下几张帖子，成就了一只典型的菜鸟，又回到棋艺客栈写博神侃。

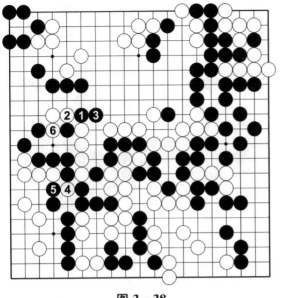

图 3－40 因黑有 A 位立的先手，白普通是在 1 位关下，但黑走 2、4，与收最后官子有关，复杂。

实战中黑 23 后手八目，看起来很大，但此着若改在 B 位挡，可做十目，黑可小胜。

白 28 和黑 29 交换，黑形状不好。反过来被白走到 36 止成地，白好。黑 45 和白 46 是双方各得其一的地方。

黑 47 是敏捷的一着，是为了取得先手而走的，单走 49 位就落了后手。白 48 如果于 99 位接——

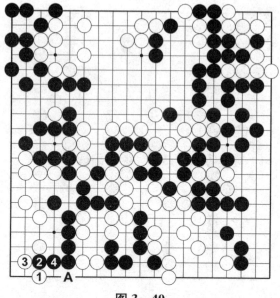

图 3－40

图 3－41 白 2 接，黑 3 跳，A、B 两点黑必得其一，白棋不行。

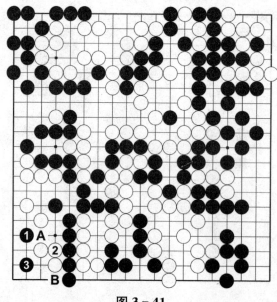

图 3－41

实战中黑 47 到 49 是巧妙的次序，白也只得走 50 到 54，别无他法。

白 56 是绝对的先手。白 68 是这个场合的要着，单走 72 或 74 位都不行。黑 75 立只是为了多一个劫材，单在 77 位打也是一样的。

这局棋是以从容不迫的布局开始，白棋一度取得优势，但黑棋顽强抵抗，胜负极细微，也很有趣。可是收官子时黑棋走了坏着，以致胜负颠倒。

第4局　日本第三期名人战

黑方　吴清源九段　白方　宫下秀洋九段

（黑出五目　共187手　黑中盘胜　弈于1964年2月13、14日）

吴清源　解说

第一谱　1—15

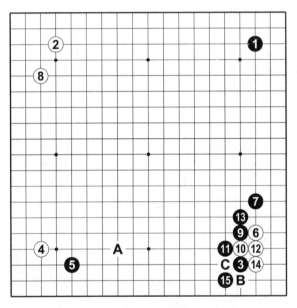

图4-1　实战谱图

图4-1　黑5于9位单关守角，也是大场。

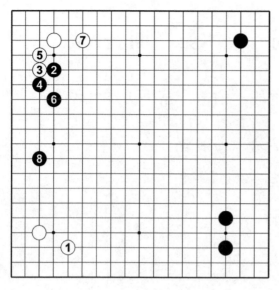

图 4－2

图 4－2 前一些时候,坂田与大竹六段(执白)的一局棋中,坂田君黑棋即是单关守角,形成至 8 为止的布局。

谱中黑 5 挂后,白 6 挂也是大场。白 8 采取了守角的方针。此手如另图他策,则于下边 A 位夹的布局也能成立。右下角在白棋脱先的情况下,黑 9 压是常法。

图 4－3 如果封锁白棋不利,则黑 1 还可以尖顶,逐白外逃,白 2 长,黑 3 飞攻。

实战中由于征子有利,故白 10 挖。

围棋虚算 1 围棋中的算路其实很有意思,"算得比较深"当然很重要,但是这不是最主要的,更不能作为评判围棋水平高低的标准。

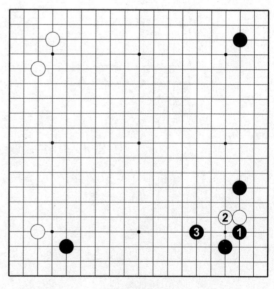

图 4－3

图4-4 黑如1位打,则白2长出,黑3接,白4可征吃黑一子。

谱中黑13是正应。

围棋虚算2 更重要的是算路的精确度。一般来说,很多人容易把两个概念混淆,其实"精确度"和"正确性"还是有所区别的。

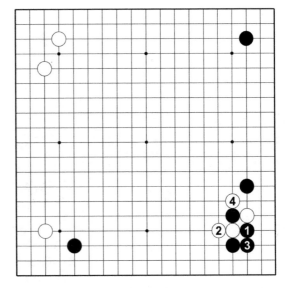

图4-4

图4-5 黑1若选择挡角,则白2打、4接,至黑5尖攻时,白6压有力,白好。首先,让白棋这样出头,还不如选择图4-3的下法;其次,由于黑△与白△撞紧了气,白有A扳、黑B扳、白C断的手段,黑棋不好。因此,实战中黑9既然选择了封头,黑13除了在此长之外,别无他着。

白14长后,黑15是"形"。下一步白B打,黑C接,白棋取得先手也是定式。

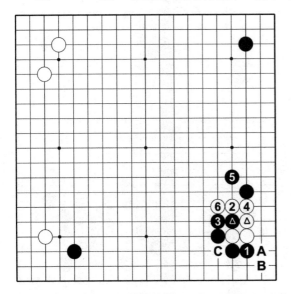

图4-5

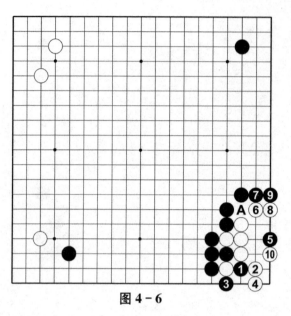

图 4 - 6

图 4 - 6 白棋角上虽然活了,但黑棋的搜刮也很厉害,黑 1、3 打拔是先手,白 4 立时,黑 5 点是好手,白 6 只得应,这样黑 7、9 均是先手。白 10 如不补,则黑 A 位挤,白整块全灭。由于角上的关系,黑 7、9 便筑起防护右上方的坚固壁垒,制约了白棋在右边的运用手段。

第二谱 16—33

图 4 - 7 白 16尖,奇兵。此手普通走A 位立的定式,由于白A 位立后,黑 B 位尖是先手,此时白须于 C 位挡,否则黑再于 D 位飞,白角无条件被杀。

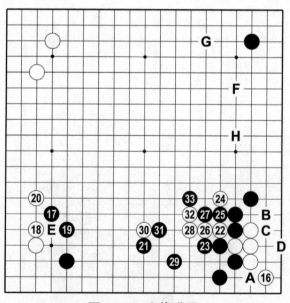

图 4 - 7 实战谱图

图 4 - 8 而白于谱中 16 位尖后，黑 1 尖，白 2 脱先，黑 3 再飞，以下至白 8 仍可成劫。

实战中黑 17 如于 21 位补，则白便占 E 位尖的好点。白 18、20 为忍耐之着，运筹从容不迫，较为得策。

图 4 - 9 白 13 如从正面扭杀，至白 9 时，黑方有 A 位、B 位等种种有趣的着法。如图选择黑 10 接，以下黑 16、18 两飞之后，白棋受束缚。白棋要在黑棋的包围圈中做活，则要

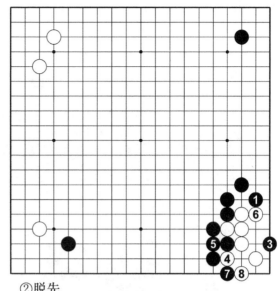

②脱先

图 4 - 8

做白 C 与黑 D 的交换，将黑棋走实，不活又不行，如此甚为难受。

实战中黑占得 21 位，绘成黑预定的图样，成为理想形。白 22 断，是白棋从 16 位尖补活角时就瞄准的一点。由于征子对白有利，在这里断一下，总有好处。

白 24 应于 F 位挂，黑 G 位拆，白走 H 位拆以消黑势。这种走法，是从容不迫的局面。现在白 24 立即在此行动，实在出乎意料。

白 24 如于 26 位长，走重，白棋甚无趣。白 24 跳本是要点，然而目前立即在此动手，未免操之过急。这里黑子满布，由于在黑棋的

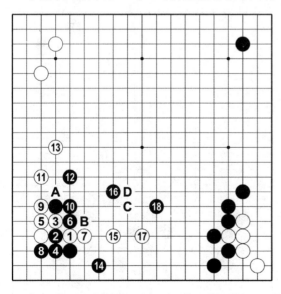

图 4 - 9

势力圈内战斗,从常识上来说,白棋苦战难免。白30压,是求腾挪步调之着。黑31严厉。

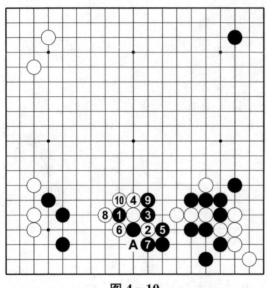

图 4 - 10

图 4 - 10 黑 1 如从这边扳,则白 2 扳,黑 3 如断打,则白 4 势必长出,以下黑 5 至白 10 转换后,由于左方黑子薄弱,如此结果,白棋成功。黑 3 如不打而于 7 位挡,以下成白 6、黑 A、白 4、黑 8 平的局面,如此结果,黑也不坏。

但谱中的黑 31 显然更加严厉。黑 33 扳,是与黑 31 相关联的着法。

第三谱　33—46

图 4 - 11　黑 33 曾考虑另一着法——

围棋虚算3　在大多数情况下,"精确度"往往看得见摸得着,能够让人产生比较具体的感觉。这样计算"既深又准",好像成了"算路好"的代名词,其实并不是这样的。

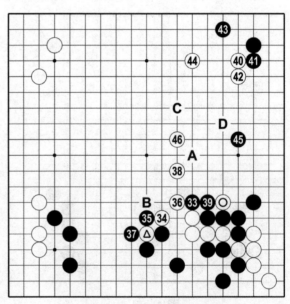

图 4 - 11　实战谱图

图 4－12 黑 1 于白所要走的地方长,这样白 2 也势必挡,黑 3 断不能不算严厉,但白 4 靠后,黑 5 若顽强抵抗,白 6 以下弃子简明,至白 12 补为止,黑棋虽吃住白四子,但白棋右边非常厚实,黑吃几子毫无意义。以后白 A 位跳是好点。

黑 35 断打,严厉。白 36 明智。

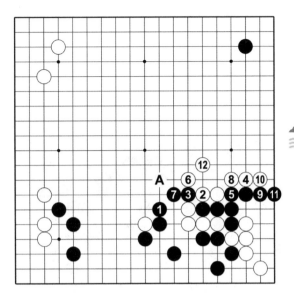

图 4－12

图 4－13 白若 1 位长出,则黑 2 打吃住四子,白 3、5 也打吃,黑 6 先吃定右方白子,再占黑 8 这一要点,此处白棋尚未安定,如此结果,白无论如何都不行。

谱中白 36 虎不得已,黑 37 得以提白一子。黑在这一战役中取得大成功。白◎一子被隔断,白△一子被吃,下边黑空已经确定,已是白棋难下的局面。白 38 如果不满意单纯地出逃,而选择动出的话——

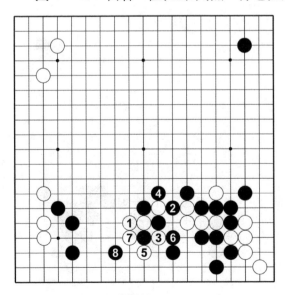

图 4－13

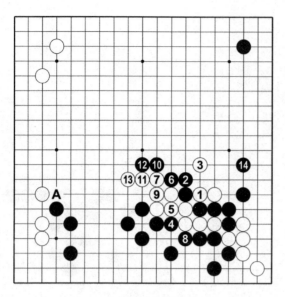

图 4 - 14

图 4 - 14 白1、3皆是战斗之着，黑4至8立即拿到下边的好处（白7不能走8位冲，否则被吃），以下至黑14止，白徒然将棋走重，甚苦。左边黑于 A 位压是先手，由此一着，白棋颇伤脑筋。

谱中黑39接后告一段落，此处战斗，白不充分。黑41方向正确。

图 4 - 15 黑1若长这边，在现在的局面下，不好。因为让白4朝着这一方向开拆，棋子的方向就走反了。

黑43如照——

围棋虚算4 更关键的应该是计算的"正确性"。要想做到"正确计算"，其实并没有那么容易。

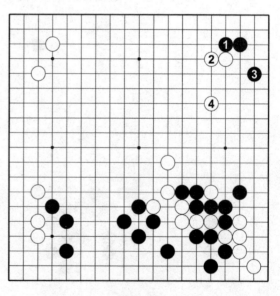

图 4 - 15

图 4－16 黑1曲,白 2 关、4 飞和中央联络,黑无趣。

谱中白 44 是定式。这时黑棋想要攻击中腹白子,也曾考虑 A 位附近下子,进行急攻。但白于 B 位扳虎即可摆脱困境。这一攻击不得法,被白子逃掉后,黑 A 位之子浮而不实,则有损失实地之虞。

黑 45 先生根,下一步即可于 46 位镇,进行袭击。对付白 46,黑如于 C 位镇,

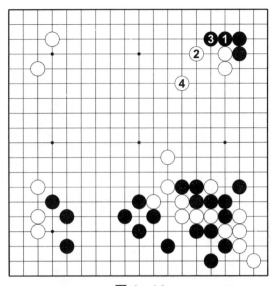

图 4－16

则白于 D 位尖冲,非黑所愿。

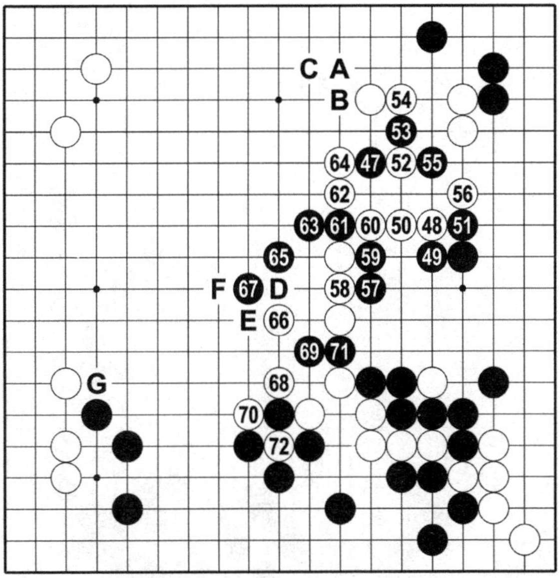

第四谱　47—72

图 4－17　黑 47 镇,以后便有 54 位的靠,目前虽不失为要点,但稍嫌过分。现被白 48 隔断之后,黑棋难走。为此,黑棋改变作战计划,避免从正面挑战,从而采取舍弃黑 47 一子的方针。

黑 49、51 巩固右边实地,但尚未完全终止

图 4－17　实战谱图

攻击,此时含有 57 位觑这一狙击之着。白 52 如于 55 位尖,则黑先手于 56 位长,白 52 位应后,黑再 A 位飞,采取以得实地为主的着法。今 52 靠,诱黑

53扳,使当中黑棋走得再稍重一些,是混战中巧妙的诱导战术。

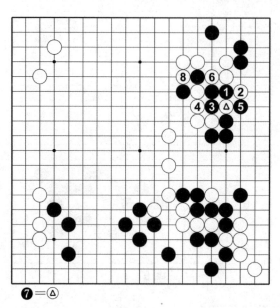

❼ =△

图 4 - 18

白54如于55位双,则黑于A位飞,白B位压,黑C位长舍弃当中两子,颇为适意。今白54将当中包围,进行战斗。由于有了白54,便制止了黑于A位之飞,因黑再飞A位便不能与角上联络了。

对黑55,白56是最强的战斗之着。黑57如照——

图 4 - 18 黑于1位冲,白2挡,黑3从上面断吃,白4、6包收至白8为止,如此形状白棋厚实。

图 4 - 19 图 4 - 18中黑3的变化:黑3从下面断吃,白4、6包收,黑7粘后,下一步白于A位或B位接,无论如何黑在此作战总是很困难。

今谱中黑57觑后,在59、61冲断,是早已预定之意图,仍然贯彻最初方针,舍弃上方三子。白62于D位关,下一步黑于63位长或62位退,如此当中三子便复活。

黑65尖,白66关后,下一步黑如于69位觑,占点眼的要处,则白便舍弃下方六子,而于D位双。黑

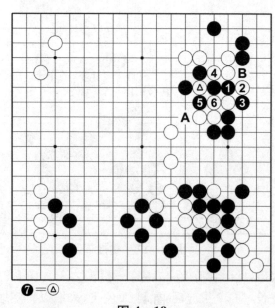

❼ =△

图 4 - 19

67 坚实。白如于 E 位长,则黑可于 F 位长,此后黑有 G 位压的先手,白棋难以逃生。对白 68——

图 4-20 黑如 1 位扳,则白 2 做眼活透(白 A 是先手)。

让白活透,棋便无趣,因此黑 69 点眼。白 70 必须打。

围棋虚算 5 有很多顶尖高手都无法保证做到这点。这里涉及围棋中很多"模糊判断",或者说是"虚算路"。这些才是真正让顶尖高手头疼的地方。

图 4-21 此时白如 1 位接,则黑 2 扳,白 3 如虎,则黑 4 打、6 轧,严厉,

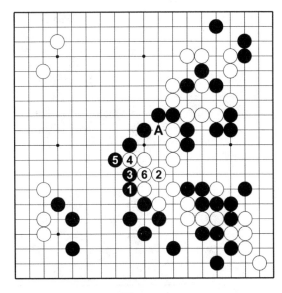

图 4-20

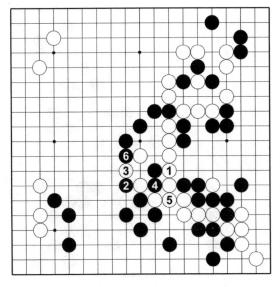

图 4-21

白棋危险。

谱中黑 71 如于 72 位粘,则白于 71 位接,此时再用图 4-21 的手法,白棋便可脱离险境。

棋 痴

红尘之外,谁在意那盘残棋。对弈人已走,听琴的少年鬓已斑,看天空流云漫卷,问水茉莉花香,说什么约会手谈,痴等流星漫天?

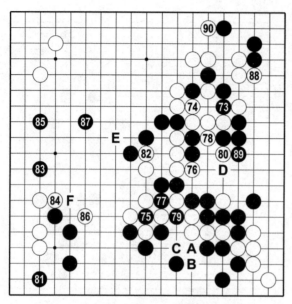

图 4－22　实战谱图

位找劫,则黑 4 断吃三子,同时防白于 A 位征吃黑子,白 5 提劫时,黑找 6 位虎的劫材就足够了。

因此,谱中白除 74 位应之外,别无他策。白 76 是没有适当的劫材,此时白如 A 位找劫,是自己紧气,黑 B 位应后,黑有于 C 位曲的先手,白不好。因此白只有于 76 位曲,此时黑如 D 位应,白提劫后,黑方的劫材发生困难,所以黑 77 结束打劫。黑 79 提劫,占了优势。对白 78——

图 4－22　对黑 73 找劫——

围棋虚算 6　吴清源先生在回答"算多少步"的时候,他就说自己一般只算 10 多步,连 20 步以上的都不多,但是没有人会认为他比"算 30 步"的坂田先生差吧?

图 4－23　白如既不应劫,也不粘劫,而于 1 位断,则黑 2 提劫,劫更重,白棋便发生劫材的困难。大概只能于 3

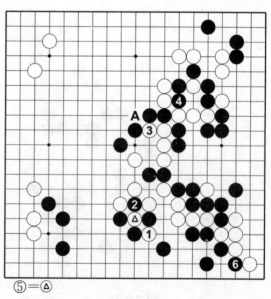

⑤＝△

图 4－23

图 4 - 24 黑如 1 位曲,则白 2 以下滚打包收后,白 10 接,黑 11 盘渡,白 12 一旦接实,黑 13 时,白有 14 挖的手段,黑棋束手无策。黑如 15 位应,则白 16 接、18 打,黑崩溃。

因此谱中黑 79 与白 80 的转换是必然之着,在此黑棋得到先手,并无不满。黑 81 是非常大的一手。

白 82 紧要!白 82 双后,现在轮到当中的黑子受攻了。此时黑如 E 位补,便增加累赘。黑 83 攻击白棋,争先进入左边是当务之急。黑 85 拆二生根。

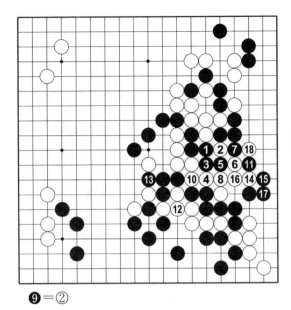

❾＝②

图 4 - 24

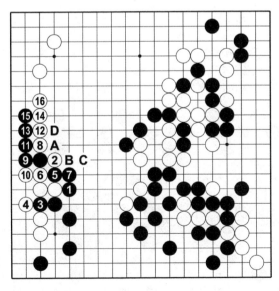

图 4 - 25

图 4 - 25 黑 1 扳勉强,白 2 靠,黑 3、5 的下法虽严厉,无奈征子不利,不成立。白 6 至 12 长后,以下黑 A、白 B、黑 D,白 13 位拐,黑不能于 C 位征吃。如图,黑棋继续二路爬,至白 16,对杀黑败。

谱中黑 85 先拆,下一步就能 F 位扳了,因此白 86 飞。黑 87 轻灵,由于左下方白形亦虚,立即盲目攻黑是不好的。白 88 是好点。

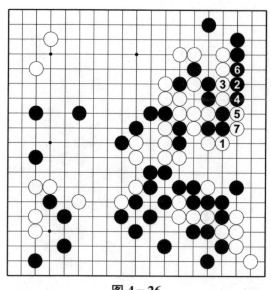

图 4-26

图 4-26 此时白如在 1 位挡,以下至黑 6 止,黑舍弃三子,取得先手,白方所得不大。

实战中白 88 曲后,白 90 先手靠,白如不能在上边收获大空,就不能取得与黑棋下边的大地相均衡。

棋 幻

扫尽棋子,阡陌之上,路在何方?铺展棋枰,还愿梦幻,谁在歌唱?

第六谱 91—125

图 4-27 对黑 91,白如于 A 位双,则黑即 B 位扳,白 C 位挡时,黑不应角也能活。因此黑便可脱先照——

围棋虚算 7 那吴清源强在什么地方呢?其实就强在他的"模糊判断"上,强在他的"正确性"上。他可能在一开始的时候,他的思路就更合理,他的判断就更正确。

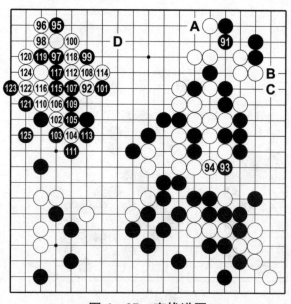

图 4-27 实战谱图

图 4-28 黑 1 至 7 的着法,白空如果被消,这局棋也就结束了。

谱中白 92 护空。白 94 顶,比提黑两子有作用。

黑 95 是常用的要着。白 96 如照——

围棋诗

弹弓园圃阴森下,

棋子厅室寂静中。

——林逋

十亩野塘留客钓,

一轩春雨对僧棋。

——韦庄

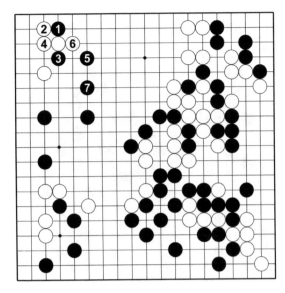

图 4-28

图 4-29 白 1 位应,黑 2 扳,白 3 曲,黑 4 至 8 很大,白如 9 位补,则黑 10、12 消空,如此黑显然优势。

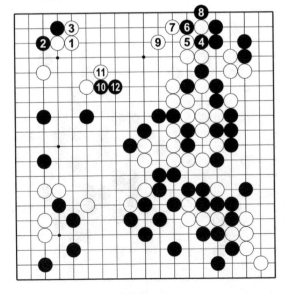

图 4-29

谱中黑 97 如于 100 位扳,则白 97 位长后,黑再 D 位拆,于白地深处破空,黑子需要谋活。因为白有 A 位双的先手(此时黑 B 位扳,白可不应),黑方也有顾虑。

黑 97、99 是定式。白 100 是夺黑眼位的要点。

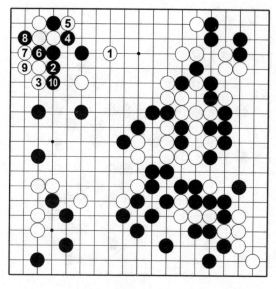

图 4-30

图 4-30 白如走1位，则黑2至10，简单地脱离困境。

谱中黑101是腾挪的要点。白102如照——

围棋虚算8 这样他的对手哪怕算得再深，在他看来，对手可能在刚出发的时候，就搞错了方向，或者说没有找到最正确的方向，这样算得再深也没有用。

图 4-31 白1扳出，黑2断，白3打，则黑4、6进入白地。图中白1如改在3位扳，以下黑5、白1、黑4、白2、黑A、白B、黑C位通出，如此白无理。

因此谱中白102先压，伺机运用图中的手段。黑103如从——

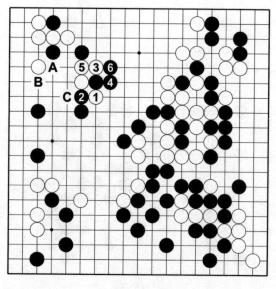

图 4-31

图 4-32 黑 1 从这边扳，则白 2 扳、4 打后的形状，易为白棋引起纠纷。

谱中白 108 如欲扩大战斗范围——

〔人活着有很多事情要做，如果想使自己变得聪明，则可加强逻辑推理训练，学习下围棋是一条有效的途径。还可告诉我们做人的道理。〕

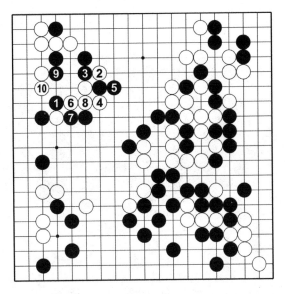

图 4-32

图 4-33 白于 1 位长，但黑 2 接、白 3 曲时，黑 4、6 脱险。

因为谱中白 108 在这一方面挑战，黑 109 接、111 征、113 提，棋虽平稳，但白走 112、114 两着，局部相当便宜。不过黑 113 提，颇为坚实。

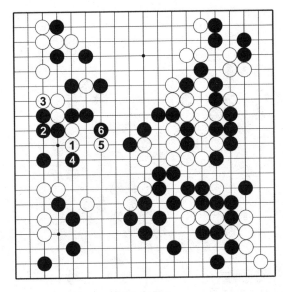

图 4-33

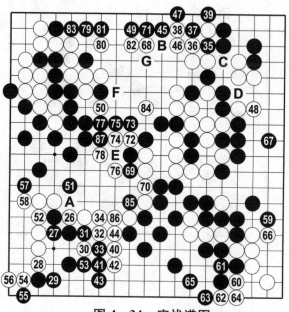

图4-34　实战谱图

图4-34　白26防黑A位扳。对白28,黑29冷静。

[存在决定意识,围棋蕴藏智慧。做人与行棋一样,堂堂正正,入腹争正面。意识反应存在,智慧点燃围棋,在某个时刻事物必然从无到有,然后从有到无……生命只是一个过程,人生匆匆,心中有爱,让人生变得有意义。]

图4-35　黑若1位长进角,被白2以下滚打,黑颇为难受。

实战中黑29退后,仍然有于A位断的手段。白30为防黑A断而寻求步调,是此际的要着。

黑35冲吃白一子,大极。此手如于44位护空,虽很大,但被白于54位先手扳,颇为讨厌。白扳,黑如不应——

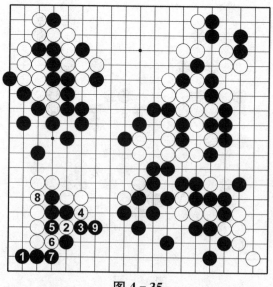

图4-35

图 4-36 白棋现有 1 冲、3 曲以下 7 曲、13 打的手段，黑 14 如粘，白 15 尖是要点，黑 16 扳，白 17 接后，下一步黑 A 位扑，白 B 位冲，黑 C 位接，白 D 位接，对杀白胜。

实战中白 46 如于 47 位立，无理。因黑于 46 位断，白 B 位打，黑 C 位冲后，右边白子如不让分断，上边白三子即被吃。白 48 很大。白如不走此着，由于黑角已坚，故黑能于 D 位冲出。有了白 48 立后——

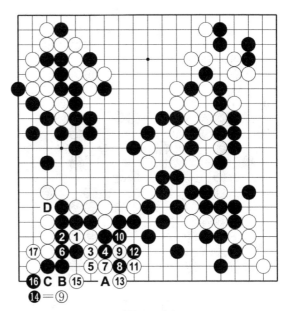

图 4-36

图 4-37 白还有 1 位断吃，黑 2 长后白 3、5 包收的大官子。

谱中黑 49 跳很大。黑 51 关，牵制白于 72 位的断。

棋 狐

借你黑色的夜空，每一双眼睛，化为木狐，都是对生的渴望。

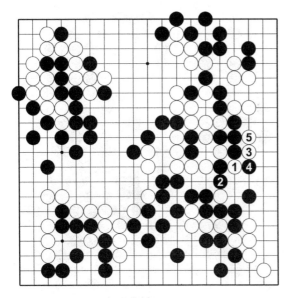

图 4-37

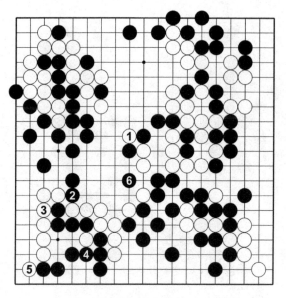

图 4 - 38

图 4 - 38 白如仍 1 位断,黑 2 断是先手,以下黑 6 觑后,下方白子被杀。

谱中白 66 挡补活。白 68 如于 72 位断,则黑棋从 G 位飞,逐步侵消。黑如不走 71,而照——

棋 星

你是黑夜之星,我是白昼之光。也许,世上真有一次轮回,我愿互换先手后。

图 4 - 39 黑 1 虎,则白 2 至 10 仍然是大官子。

谱中白 70 接时,即瞄住 72 位的断点。现在白 72 断,黑放弃两子并不大,因为黑棋也已经消去了上方白势。虽被断吃两子,黑方的胜势仍未动摇。

黑 87 打后,白方认输。此后白如 E 位粘,则黑 F 位长,以下双方按照——

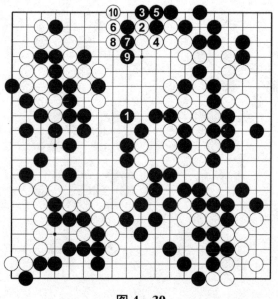

图 4 - 39

图 4－40 白 1 至黑 8 的应对,如此局面,盘面上黑可胜十余目。

[围棋文化源远流长,博大精深,像戴着面纱的美女而朦胧。净室之内,纤尘不染,文房四宝,锃亮泛光,最引人注目的是那红木雕花的茶几上放着一张天然纹路的楸木围棋盘,静静地躺着演绎乾坤八卦。]

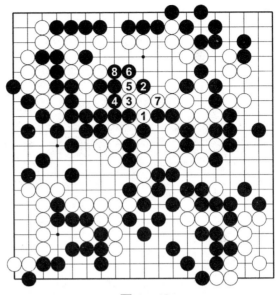

图 4－40

境　界(一)

　　阴阳思想的最高境界是阴和阳的中和,所以围棋的目标也应该是中和。只有发挥出棋盘上所有棋子效率的那一手才是最佳的一手,那就是中和的意思。每一手必须考虑全盘整体的平衡去下——这就是"六合之棋"。

第5局　日本第四期名人战

黑方　篠原正美八段　白方　洼内秀知九段

（黑出五目　176手以下略　和棋　弈于1964年5月6、7日）

吴清源　解说

第一谱　1—27

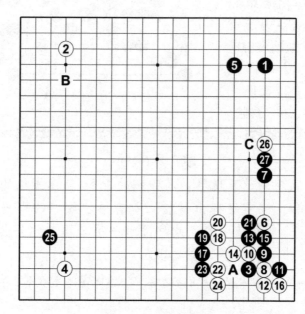

图 5-1　实战谱图

图5-1　到白6为止的构图,曾经有过一个时期是常用的。白6这着大体上是在黑右上角单关守角的场合所走的,主要是缓和单关背后的厚味。

图 5-2 洼内九段的感想：白 6 也可考虑在 13 位高挂的构图，但我未曾走过，因此近来对局中所出现的如图 5-2 那样的定式，我也未曾走过。

实战中黑 7 如在 9 位尖，取实利，则白在 7 位拆，以此缓和黑单关背后的厚味。黑 7 位夹，白 8 靠，以下是腾挪定式。白 16、黑 17、白 18 是需要懂得的定式要着。

黑 19 和白 20 交换，然后黑 21 曲，吃白一子也有

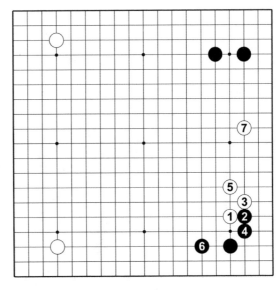

图 5-2

步调，看似有效能，但实际上并不是这样的，这是围棋难的地方。这着棋的优劣问题，可以说在以后的走法中就可以看出来。

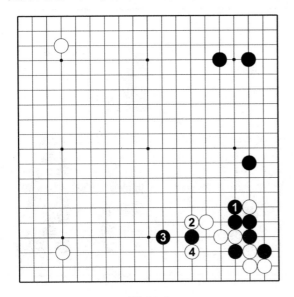

图 5-3

图 5-3 黑 1 单曲是普通走法，此时白走 2、4，这样黑棋有轻的意味。

如谱中黑 19 长，多少有些把棋子走重了。白 22 如在 A 位打，则有以后被黑在 24 位飞之利。

白 26 投在右边，窥视黑棋不净之处，且有打入的手段。但时机有问题，应立在 B 位守角。

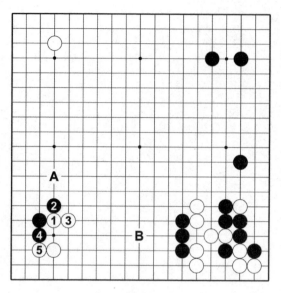

图 5-4

图 5-4 白 1 先在左下动手也可以，到白 5 挡，以后 A 和 B 白必得其一，较好。

因此，谱中黑 27 不应在此处走棋。

围棋天赋 1　所谓天赋，即指在某一方面的创造性。而利用创造性解决问题的能力是一种高级能力，它不是沿着前人开辟的道路前进，而是运用新的方法和步骤去研究、解决问题。

图 5-5 黑 1 左上挂角极大，白 2 的动出并不可怕，黑 7、9 好想法，以下至黑 13 顶，白穷于应付。

围棋天赋 2　下面 20 个测试题是根据一些中外科学家、发明家、围棋大师的个性与心理特征编制和设计的，它不仅能测试被试者的围棋天赋，还可以帮助其从中找到提高围棋创造力的方法和途径。

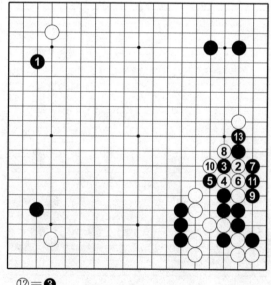

⑫＝❸

图 5-5

图 5-6 白 1 飞、3 扳，黑 4 夹住，就没有问题了。

围棋天赋3 一、测试题

1.即使是十分熟悉的定式，也常用陌生的眼光审视它。

2.看棋谱时，首先是看对局者而不是棋谱的内容。

3.下棋时即使遇到困难和挫折，也不会动摇你取胜的决心。

4.下棋时，只要已取得优势，你从来不想那些自寻烦恼的变化。

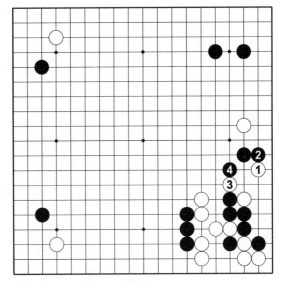

图 5-6

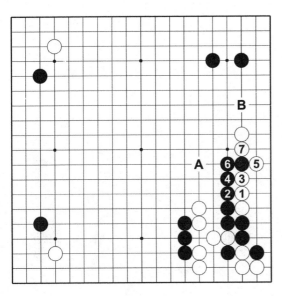

图 5-7

图 5-7 白如在 1 位长出，黑走了 4、6，黑棋的形势并非无用，以后黑走了 A 位或 B 位，白棋就没有成果。

因此，谱中黑 27 顶没有必要，不如让白棋活动出来，这倒是受欢迎的。黑 27 顶的意思，是想使白在 C 位长后即脱先，但白当然不会马上就走，因此黑 27 顶，企图缠住白棋，是不机敏的走法。

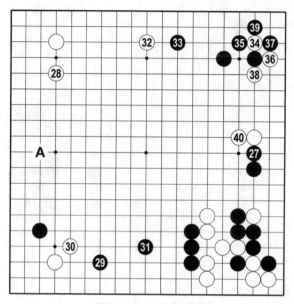

图 5-8 实战谱图

图 5-8 黑31，我有些不赞成。有缺口的地方把它围起来不妥当。

图 5-9 黑1至5转向左边的走法是不坏的。白棋如在下边打入，黑因有A位的先手，不必介意。

但是，直率地说，这是解说者难的地方。棋是活的东西，有些棋手把对方的棋风也一起计算在内，从而决定作战的策略。照我的推测，恐怕篠原八段对洼内九段的实力、棋风是了解的，因此把这个也计算在内，而坚定地走了黑31。

白32是大场。能先占到此处，从目前的大局来看，有五目的大贴目，似乎白方稍主动。当然，围棋应该被看作马拉松，路程很长，开始可力争一些主动，以后怎样难以预测。但从感觉来说，觉得白棋布局走得不错。

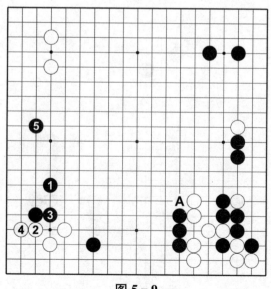

图 5-9

白 34 以下到 40 为止，也是表现出取得主动的感觉。白 34 碰，有先发制人之意。如被黑先在 40 位扳，白再在此处走棋，可能会全部被吃掉。现在白 34 碰——

图 5 - 10 黑如在 1 位立，角上留有活棋的余地，就不怕黑在 A 位扳了。

谱中白 36 也含有这样的意味，根据对方的应手来决定自己的走法，是一种高等战术。黑如在 38 位长，

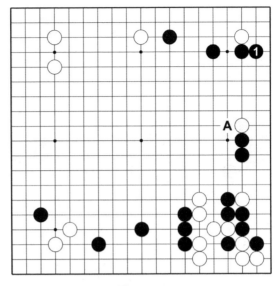

图 5 - 10

因留有在 39 位活角的余地，白棋就可以在左边 A 位下子。到白 40 为止，分割了黑棋右边地域，黑做不成大块实地，便呈现出细棋的局面。

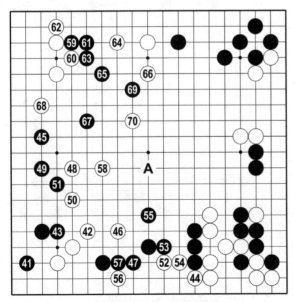

图 5 - 11　实战谱图

第三谱　41—70

图 5 - 11 黑 43 并，积蓄力量，可以说是篠原流派的走法，挨靠着对方的棋子伺机攻击，觉得特别有力量。这样的沉静之着，普通人不易想到，但是这着棋以后可以伺机攻击白棋，却收到意想不到的效果。

白 44 一曲，虽觉得是很舒服的地方，但应在 45 位拆边，此时黑如在 44 位挡，对白没有影

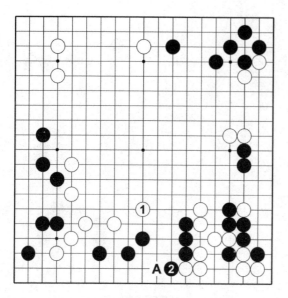

图 5-12

响。而且黑 45 成为黑 43 下一步相呼应的绝好着点。黑走到了此处，黑 43 一子便立即焕发出光彩。黑走 43 的目的，当然是要拆到 45 位。

白 48，大致是应该在这一带走一着。黑 49 也可以在 50 位飞，抵抗；但如谱走 49、51，没有那样急躁。白 52、54 的走法，因棋风而有所不同。

图 5-12 如果是我走的话，我会选择 1 位镇，从上面压迫，黑只有在 2 位

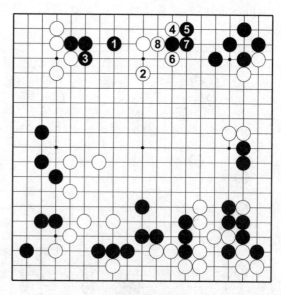

图 5-13

应，尚留有 A 位夹的余味，在上方也起相辅的作用，因此是厚实之着。

实战中被黑 55 一关，白棋薄弱，是有问题的。白 56 是有用处的先手，然后 58 整形。

黑 59 碰，此着应在 A 位大关，还需要再追逼一下白棋，含有强化中腹的意味，这是中腹双方强弱的要点。黑 63 也可考虑——

图 5-13 黑 1 拆，以下到白 8 的走法，上边双方互相牵制。

围棋天赋 4 5.聚精会神下棋时，常常忘记时间。

6.特别关心棋友对自己围棋水平的评价。

7.下棋时,最愉快的是对某个局部经过深思熟虑、反复推敲,最后下出妙手。

图5－14 黑3也可选择托渡,以下至白10止,黑上边实空收获不小。

白68,按洼内九段的感想——

围棋天赋5 8.不认为下棋第一感觉很重要。

9.对与围棋有关的事都有好奇心,一旦产生了兴趣便很难放弃。

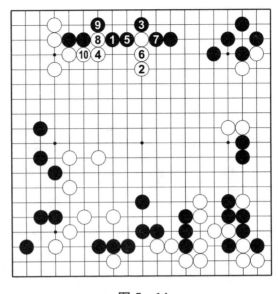

图5－14

10.认为一盘棋不可能尽善尽美。

图5－15 白1位飞镇怎样?但这样黑也走了2至8,10、12得便宜,大致到14的应接,不能认为白棋好。

因此,谱中白68是好着。白70似走得过分。

围棋天赋6 11.下棋时,遇到困难的局面,能从多方面探索它的可能性,而不是拘泥于一条思路。

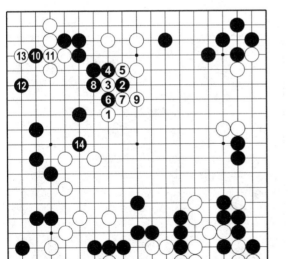

图5－15

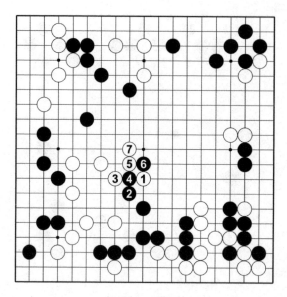

图 5 - 16

图 5 - 16　白应在 1 位镇,对黑 2,白 3 尖应,对黑 4、6 的冲断,白 5 挡、7 长,等待上边黑棋的走法,根据它的步调进行腾挪。

谱中白 68 时,瞭望全局的情况,地域的对比是相当均衡的,所以白应补掉自己薄弱的地方,像图 5 - 16 那样正是绝好的走法。

白 70 似有自寻麻烦的意味,走了这一着反使白棋更加薄弱。

第四谱　71—100

图 5 - 17　黑 73 时,是决定胜负的关键。

围棋天赋 7

12. 自己下彩棋,如果不是彩棋便随便下。

13. 赢棋后总有一种兴奋感,甚至睡不着觉。

14. 做死活不看答案就不放心。

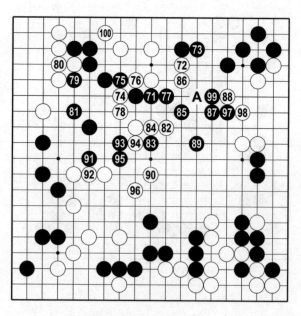

图 5 - 17

图 5－18 黑 1 应在中腹大飞,对付白 2;黑 3 尖,白如在 A 位扳吃一子,右上角黑棋巩固,不必介意,黑在 B 位打入,就可挽回被白扳吃一子的损失。无论如何白中腹薄弱,颇为严重,如此,白也不容易走好。

实战中黑 73 也夺取了白棋的眼位,虽不是坏棋,但缺乏机敏。白 74 是厉害的着法,看起来似是胡闹,其实是可怕的。黑方受到了它的影响,而从此改变了步调。黑 77 是第一错着。

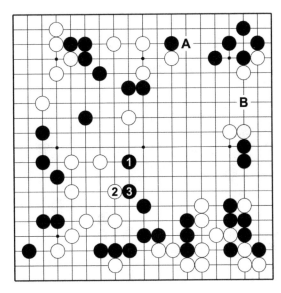

图 5－18

图 5－19 黑应在 1 位打,就没有问题,对付白 2 扳,黑也可以在 A 位扳,但如图 5－19 黑 3 曲出来,白棋也就苦了。

篠原八段为什么不打吃是不可理解的,这是实战心理有趣的地方。凑成白 78、82 的步调,白棋的局面也就转好。

洼内九段的感想:白 74 是破釜沉舟之着,毫无成算,结果却取得了成功。这着棋如果简单地按照——

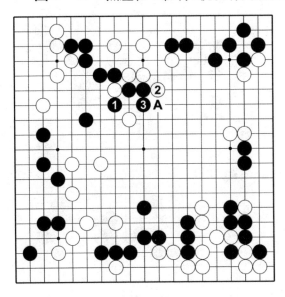

图 5－19

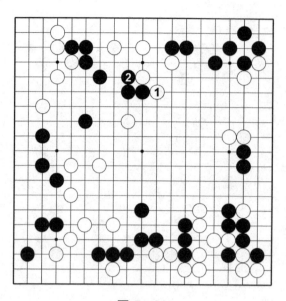

图 5 - 20

图 5 - 20 在 1 位扳，黑 2 曲后，很明显地已成败局，所以出此非常手段。

可谱中黑 77 如按图 5 - 19 那样走，白这局棋就不行了。黑 85 应在 A 位关，较为厚实。

对黑 85，白走 86，对 87，白 88 飞，顺着这个步调将右边的弱子补强，棋的演变实是难以预测。

对黑 89，白走 90，中腹弱子自然地补强起来，下边的黑棋变弱，而与左边联络的地方也薄弱。

图 5 - 21 黑如果不交换这两手而走 1 位长，白 2 先手觑后再在 4 位尖，黑棋形状崩溃，也有所不愿。

现在回过头来看，谱中黑 77 确是坏棋，被白挽回了形势来迎接下一阶段。此后，善于给对方突然打击的洼内九段，拿出他的看家本领来等待各种机会。

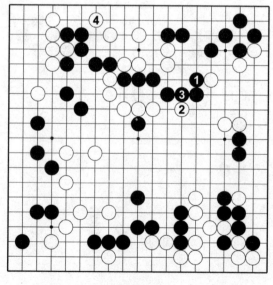

图 5 - 21

086

第五谱　1—22（即 101—122）

图 5 - 22　黑 1 和白 2 交换有问题,可能是篠原八段误算,或者原来是要采取其他的走法而忽然改变方针。黑 1 在 A 位飞,也是厚实的着法。

白 4 防备黑在 B 位点的手段,并对以后激烈的狙击做好准备。黑 7 关补,白 8 扳后,便有至 10 以下的狙击手段。

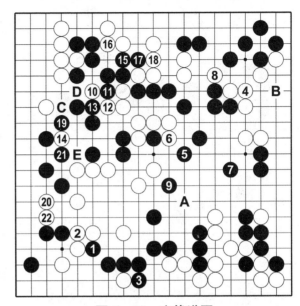

图 5 - 22　实战谱图

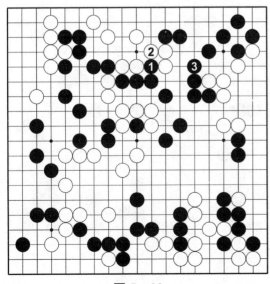

图 5 - 23

图 5 - 23　实战中黑 7 还是应该走 1、3,这样走虽然难受,但可以避免受到如谱那样激烈的狙击,可能黑方对此未加注意。

谱中白 10 以下到 14 以后,对黑 15,白 16 破眼顽强抵抗,黑 19 无可奈何,此着若在 21 位扳,则白 C、黑 D、白 E 后黑棋切断被杀。白 20 侵入是声东击西的好手。黑 21 如照——

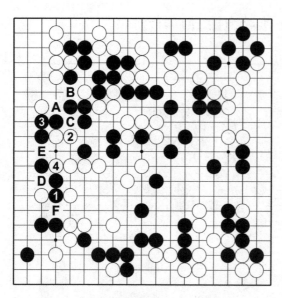

图 5-24

図 5-24 黑在 1 位冲,白 2、4 是好手,以后白走 A 位,便有 B、C 两处可断黑棋;又如白走 D 位,则又有 E 位和 F 位的打吃,黑已不能兼顾,这两处白必得其一。

因此,谱中白 10、14 是攻黑不备的极好奇手。但次序还有问题,如不走 14 而单在 20 位跳下,黑棋更难应付。

对付白 20,黑 21 打吃,分别做活,这是其次的善策。这样乃是胜负极细

微的局面。但毫无疑问,黑棋受到了打击。

现在回过头来看图5-23,如果照这样走,就可以解消谱中的狙击手段,但黑棋没有算到这么深。

实战中黑 7 如照——

图 5-25 这样收官,大致是黑 1 到 19 的应接,似乎黑棋稍厚一些。这些是刚才未说尽的,现在带有作为结论意义的加以补充。

围棋天赋8 15. 下棋时喜欢安静,不愿和许多人搅在一起。

16.在和朋友争论某个关于棋的问题时,宁可放弃自己的观点,也不使朋友难堪。

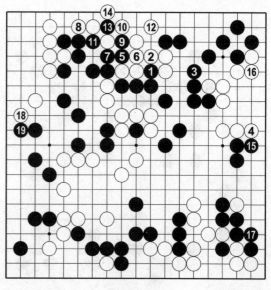

图 5-25

第六谱 23—76(即 123—176)

图 5－26 黑 23 尖，角上黑棋就可活。白 24 跨下，这着只能在 26 位挡。因此黑 25 应——

围棋天赋9 17. 对自己而言，赢棋永远比输棋重要。

18. 自己很喜欢找高手复盘。

19. 下棋时，自己觉得有潜力。

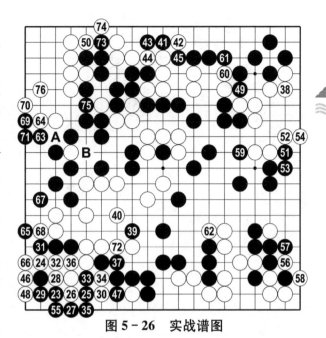

图 5－26 实战谱图

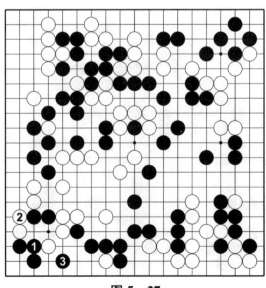

图 5－27

图 5－27 在 1 位团，白如在 2 位退，则黑 3 渡，这样走才好。

到这个时候双方时间都很紧迫，估计双方恐无暇尽善尽美地终局。白 30 时，黑 31 是好着。

围棋天赋10 20. 自己从未想到从对手的失败中发现问题、吸取经验和教训。

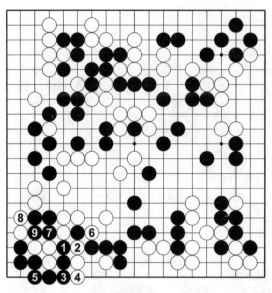

图 5 – 28

在 3 位冲出的意味。黑 4 挡,白 A 断,黑 B 打,白 C 长,黑 D 挤,白没棋。

实战到黑 37 为止,告一段落。白 38 接,大着。对黑 39,白 40 只得屈服,别无他法。以后留有 72 位吃一子的大着。至此,已经形成细微胜负的局面。

黑 41 顶,是这个场合的要着。白 42 扳出后到黑 45 为止,白取得了先手,再在 46 位先手扳,黑 47 的屈服是没有办法的。

白 62 应在黑 63 尖之前在 A 位断,和黑在 B 位提作交换,这样先手断一着,是不会没有用处的。此处被黑 69、71 扳粘后,白 72 如照——

图 5 – 28 黑 1 如挤,以下到白 6 提一子,干净,这样白棋好。

白 32 如照——

围棋天赋11 二、计分方法

上面共列 20 个测试题,每题 2 分,共 40 分,凡在单题号 1、3、5……17、19 答"是"的得 2 分,答"否"的得零分;在双题 2、4、6……18、20 答"是"的得零分,答"否"的得 2 分。

图 5 – 29 白 1 打,黑 2 是绝对的,那么白就有

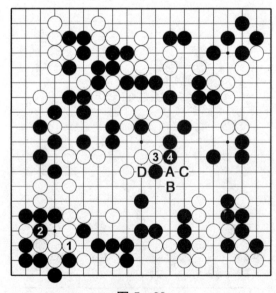

图 5 – 29

图5-30 白在1位挤,变化至黑8打,结果白棋接不归。

黑73如照——

围棋天赋12 三、测试结果

28～40分:很有围棋天赋,因为自己具有不寻常的个性心理特征。在学习围棋方面,自己既能灵活深刻、有条不紊地思考问题,又能将思考的结果加以实现,这是自己最大的优势。

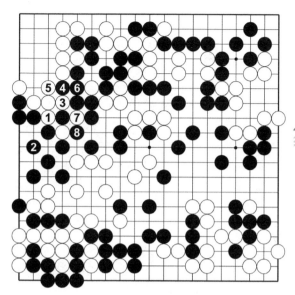

图5-30

图5-31 黑1断吃是不成立的,白2打后,A、B两处必得其一。

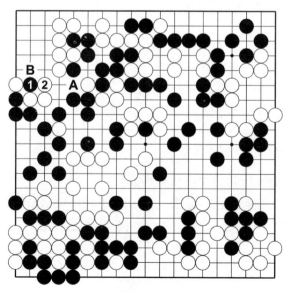

图5-31

这局棋的结果是盘面黑胜五目,成和棋(比赛规定和棋算作白方胜)。

围棋天赋13 16～26分:围棋天赋一般,自己习惯采用现有的方法与步骤考虑问题,但难有很大的突破。

14分之下:没有围棋天赋,自己在学习围棋方面较少得到灵活思维的快乐和喜悦。

第6局 日本第三期名人战

黑方 藤泽秀行九段 白方 坂田荣男九段

（黑出五目 共255手 白胜四目 弈于1964年8月15、16日）

吴清源 解说

第一谱 1—25

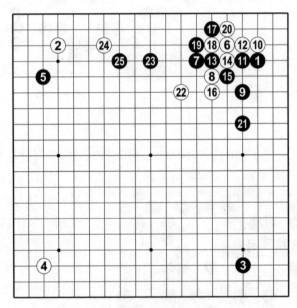

图6-1 实战谱图

图6-1 名人战七局胜负坂田猜到拿白棋开始。

黑5挂,这着如改在6位守角是普通的走法。今如谱挂,很早就表现出黑方采取积极的作战思路。对白6的挂,黑7应以一间高夹,颇为得意。

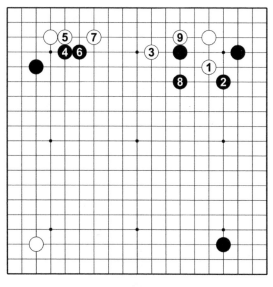

图6-2

图6-2 这里的含义是白若按普通的着法于1位关出，预定黑2至白9的进行，使白趋于低位，遂黑所愿，白棋不能满意。

对付白8、10，黑11以下冲断，进行急战是趣向。

围棋名宿1 接受竞争对手藤泽秀行的挑战，又以4：1击退对手，坂田守住了第三期名人的地位，连续两年名人、本因坊在位。

图6-3 黑也可采取在1位扳的下法，变化至白12，成另一盘棋。另白6也可在A位飞。

谱中白18先冲再20位挡是好次序。

围棋名宿2 第三期名人赛，藤泽秀行再次登场，藤泽在循环圈里7胜1败，抛开了6胜2败的木谷实、吴清源、藤泽朋斋的追击，获得挑战权。

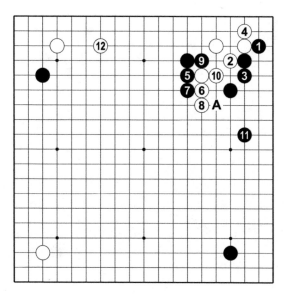

图6-3

图 6-4 白1若单走1位挡，黑2仍跳，白3跳时，黑4位关。现在白如A位冲，则黑不会B位应而改在C位退，角上白棋尚未活净。

谱中黑21、白22、黑23都是必然之着。白24坚实。

围棋名宿3 七番胜负的第1局坂田先胜，第2局是藤泽执白的名局，坂田输两目（也就是本书中的第8局）。

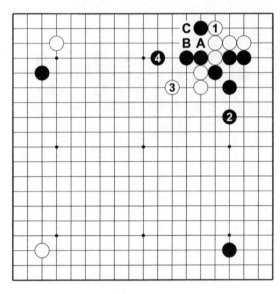

图 6-4

图 6-5 白也可选择白1大飞，待黑2关后，白再3位飞的下法。

谱中黑25尖冲，一方面限制白棋的行动，一方面又是大规模地攻中腹白棋的方针。

围棋名宿4 天王山的第3局，在乱战中掌握了主动，乘势拿下此局，第4局也据为己有，前4局坂田以3胜1负领先。

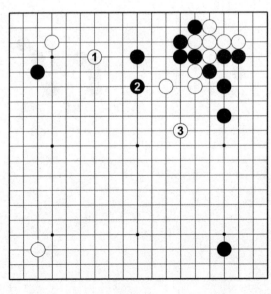

图 6-5

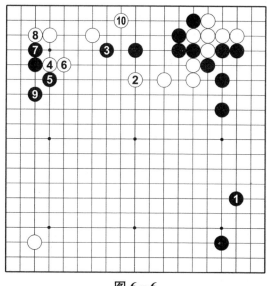

图 6－6

图 6－6 右下角黑 1 虽是绝好点，但上边白 2 跳，是进行至 10 的局面。很明显，棋的骨骼改变了，这样，中腹的作战主客颠倒。

围棋名宿5 两人棋风鲜明，藤泽注重厚味攻击，坂田捞空治孤。

在第 6 期最高位战中，坂田执白一上来就有三块孤棋，藤泽展开华丽的攻击。

第二谱 26—50

图 6－7 白 26 压，以此出头是紧要之着。

围棋名宿6 两位棋士都燃烧着激烈的斗志。坂田治孤下出了鬼手，被传到研究室时，一瞬间大家被震惊得鸦雀无声，过了很久，才好不容易发出"好妙的一手啊"的感叹。

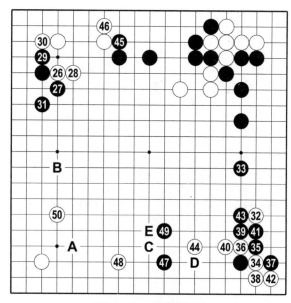

图 6－7　实战谱图

图 6-8 白 1 长是俗手，不好。黑 2、4 长后，中腹白 △ 三子变薄，这样就凑成黑棋的好步调。

谱中黑 31 虎，是藤泽流派的厚实着法。这着棋，按藤泽九段局后的感想，认为稍过于坚实——

围棋名宿7 在第 14 期王座战的决赛三番胜负中，林海峰与坂田再次相遇，这是双方各自在名人、本因坊战卫冕成功后的再次对决。

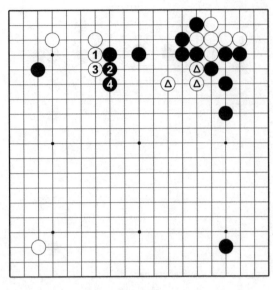

图 6-8

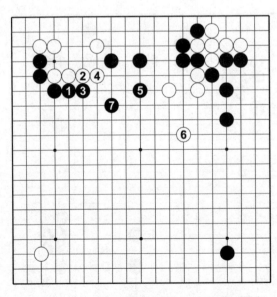

图 6-9

图 6-9 黑 1 长的方案如何呢？但有被白 2 长之嫌，至黑 7 联络，可以满意。

围棋名宿8 可以视为代表了大正与昭和两代棋手的抗争，这一抗争可说是理解现代围棋史的窗口。

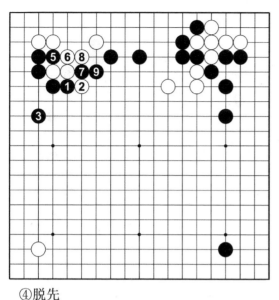

④脱先

图 6 - 10

图 6 - 10 白 2 若扳,则黑 3 飞应,是常见变化,以后留有黑 5 冲出、7 断的手段,白 8 打,黑 9 长,中腹变厚。故白 4 如在 7 位接,厚实出头。

围棋名宿 9 自此以后的两三年时间,在名人、本因坊赛的激战中,两代的霸者之争最终是大正棋手落败。就本届王座战三番棋,坂田的胜利起到阻止昭和势力对棋界的全面侵吞。

图 6 - 11 黑不能先1 位断,白 2 至 8 采取轻灵地弃两子变化,成为白棋腾挪成功的形状。

实战中黑 27 至 31 止,是对即将到来的中腹攻防战做好充分准备。白 32 挂,是绝好点。

黑 33 夹,觉得也只好这样走。以下白 34 托,到42 为止是必然之着。此时黑 43 曲,颇有深算。

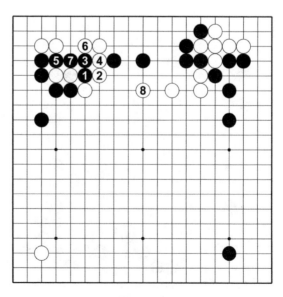

图 6 - 11

图 6 - 12 黑 1 若逼,则凑成白 2 至 8 出头的好步调,此处是本局的关键,黑在中腹的作战即将崩溃,变化至黑 13 止,此后有白 A、黑 B、白 C、黑 D、白 E 的手段,并且是先手;又白也可在 F 位碰,在此处生出头绪后,便产生了种种的余味,黑棋不行。

谱中黑 43 和白 44 交换后,黑 47 占到形的要点,和黑 43 取得关联。可是白 48 拆时,黑 49 是缓着。这

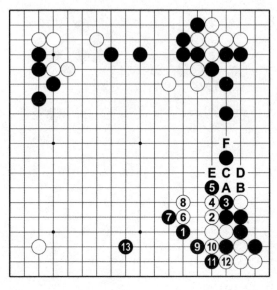

图 6 - 12

着应在 50 位挂,白在 A 位飞,黑在 B 位拆,才有效能。至于黑 47 一子,白如在 C 位封——

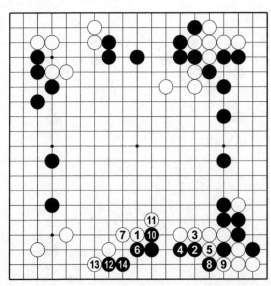

图 6 - 13

图 6 - 13 白 1 封,黑 2 至 8 腾挪,以下至 14 退,黑棋可做活。这种进退自如的构思非常重要。

谱中白若走 D 位立,夺去黑棋的根据地,黑再 E 位飞出还未迟。白 50 飞,先占到要点,可以判断是白方有利的局面。

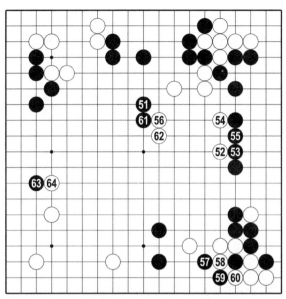

图6－14　实战谱图

图6－14　黑51终于进入了中腹的攻防战。作战的焦点移到中腹，白52觑，试黑应手，是临机应变的构想，也是作战的窍门。

［在这种流动的战局中，坂田寻求调子，伺机掌握局面的主动权，是坂田流巧妙的战略。］

图6－15　如果按照平易的着想，白1飞出，正符合黑方意愿，白棋陷入险境。黑先手2觑、4扳后，黑6逼是严厉之着。如果白走7位关，则黑使用8以下的手段，白棋上下两面被环绕攻逼（过程中黑8可在A位飞，也是有力的战法）。

谱中黑53的挡应，这着棋当然也可考虑反击。

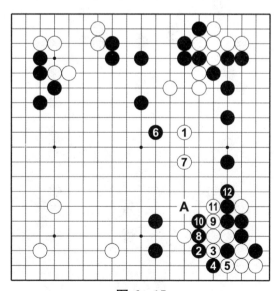

图6－15

图 6 - 16 白 1 点，黑 2 飞反击，这样白 3 势必冲下，变化就复杂了。黑 4 如封镇，则白有 5 至 9 的转换手段，以后有白 A 跨、黑 B、白 C 打的余味。黑如在此补一手，白便可转占 D 位的大场。这样白棋腾挪成功。

［坂田的反击精神，是坂田行棋的精髓，一点也不让步，显示出他棋艺的一个方面。］

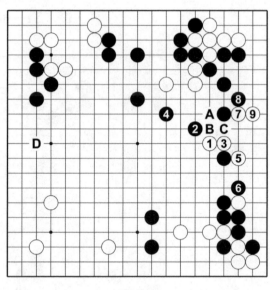

图 6 - 16

图 6 - 17 黑如在 2 位关，则白 3 关，整形，黑也只能 4 位挡，这样白 1 一子仍留有余味，白在 A 位尖是有力之着。如此，白仍可占到左边的大场。

综上，由于黑方对于反击后的局面没有成算，因此黑 53、55 应，确保右边。

对白方来说，使黑方右边坚固似乎有些可惜，但局中的形势，白方已经取得了四个角，因此采取对右边黑地不加介意的方针。黑 57、59 的狙击手段是黑的权利。

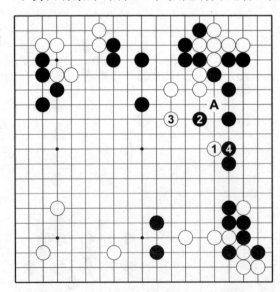

图 6 - 17

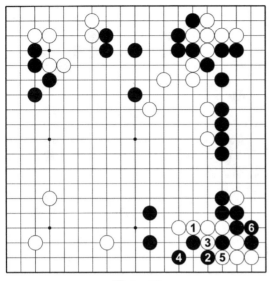

图 6 - 18

图 6 - 18 白若在 1 位接,黑 2 至 6 夺取白棋的眼位,白棋还有上边的弱子,这样白棋失败。

实战中黑 63 拦是必争的大场。如果不走,让白先在左边拆,在地域的对比上,黑方就不够了。白 64 压,只得如此。

第四谱 65—100

图 6 - 19 黑 65 碰,是有问题的一手,和白 66 交换是败着。这就是到黑 67 的时候,白 68 腾挪,以下如谱中到 82 的推移,这样,就决定了白棋的优势地位。

[从双方绞尽脑汁的对决中,可以感受到一种难以用文字表达的压迫力。]

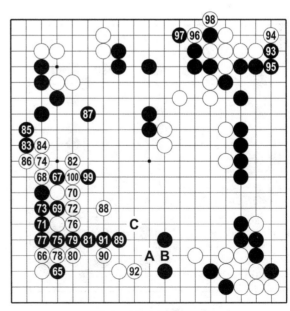

图 6 - 19 实战谱图

图 6-20 黑单在 1 位扳怎么样？白仍在 2 位断，黑 3 尖后，白 4 虎至 12 关为止，这样白棋可下。以后黑 A、白 B、黑 C、白 D 关，角地很大。

[一个人为了充分发挥自己的潜能，延长自己生命的尺度，在有知的领域和无知的领域进行连接，围棋告诉你为什么。——编者注]

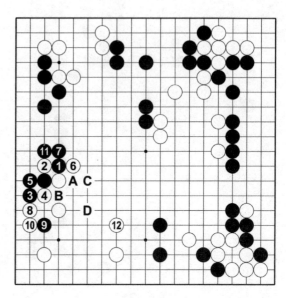

图 6-20

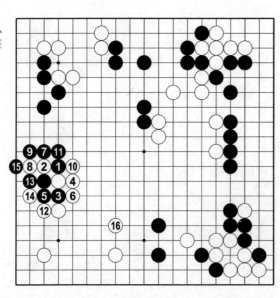

图 6-21

图 6-21 过程中黑如 3 打、5 接，则白就舍弃两子，到白 16 为止，成理想形。

["打劫"是围棋的灵魂，人的灵魂是什么？是具有理性的思考，这是人的灵魂。而打劫过程中的"造劫""找劫""应劫""提劫"的循环过程，是捕捉灵感的火花，从这个意义上来说，围棋是构成灵魂的一部分，或许是小小的世界观、方法论。]

经典珍藏

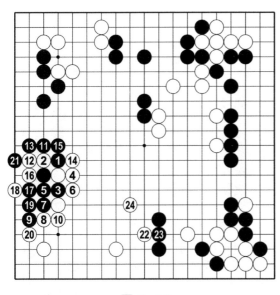

图 6 – 22

图 6 – 22 黑 7 拐 的变化也可考虑，变化至白 20，仍被白棋紧封，白 22、24 扩张与前图的结果相似。

将谱黑 65 碰的意味推敲起来，估计是没有注意到白 74 退之着。黑棋的意愿是——

[来到世上，形形色色，花花绿绿，唯有围棋让你冷静面对人生。夸大一分草木含春，缩小一分内涵物欲，围棋不大不小，黑白分明，四季轮转。]

图 6 – 23 白大致在 1 位顶，黑 2 先断打一着，到 10 长为止，是普通的应接，这样，局面的胜败尚未分。

实战中至白 82 的变化，出乎黑的意料。要有效地利用黑 81 一子，而照——

棋 神

围棋，被中国人文后，更是神秘玄妙。

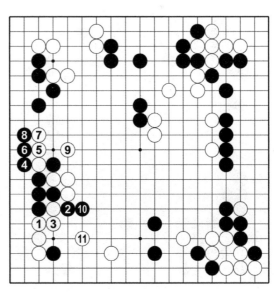

图 6 – 23

图 6-24 黑在 1 位靠,如果可以成立的话,是黑棋得利。但被白 2 抵抗,至白 22 止逃出,黑九子枯死,黑棋崩溃。

[围棋是一部从古到今不断编写的书,所有的人都可以写上一笔,但只有聪明的人,才能留下他们的名字,让人们学习、让人们纪念。]

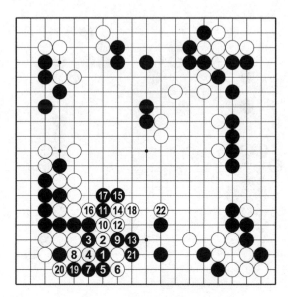

图 6-24

图 6-25 图 6-24 中黑 7 如改走本图变化,以下到黑 13,虽有成二番劫的手段,但如此局面,黑以后无法再继续。

实战中黑 83 至 87 的调整是不得已的。白 88 在要点上关,等黑 89 关出,顺着这个步调走 90、92 两着。白 92 是要点,以后有白 A、黑 B、白 C 的手段。

黑 93 扳、95 接,实利大。反过来被白在此处扳接,就有很大的差别。但是白 96 断吃一子,黑上边薄弱,这是黑左右为难之处。

图 6-25

第五谱 1—25（即 101—125）

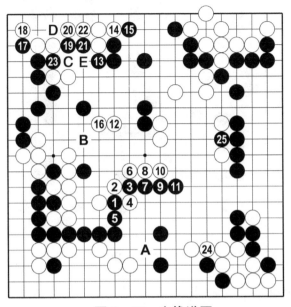

图 6-26 实战谱图

图 6-26 黑1靠，此着是防止白棋走A位的觑，但这样局面就紧张起来了。

［决不让对方如愿，时常进行反击，是两位棋士共同的强硬棋风，中盘变幻难测的应接，使人眼花缭乱，让人感到棋子充满了生气。］

图 6-27 黑虽也可考虑在1位沉静地尖，但白走2位接，很厚实。且白仍可在A位

觑，黑棋薄弱。所以大致只能走黑3至7补强，然后白转到8位压，封住黑棋的活动。因看到这样的结果，黑棋不好，所以采取谱中的强硬方针。

对付黑1，白2以下至10，采取简明的策略乃是预定的方针，这样和中腹联络起来的话，就成为实利很多的局面，可以判断是白棋优势。白12是要点，有此一着——

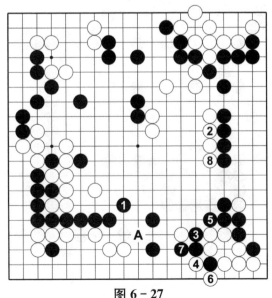

图 6-27

图 6-28 有了白△子,黑1以下的手段不能成立。至白 6 拐,黑几子被吃。

实战中白走 16 并,可以解消黑在 B 位关进。可就是在这一瞬之间,出现了紧张的场面,这是当时忽略了黑 19 靠、21 长的手段。以后白 22 接、黑 23 断,两子不得不被吃。

棋技

棋技需要研究,棋文化需要更多的传播途径,这不仅是体育的事业,更是文化的事业。

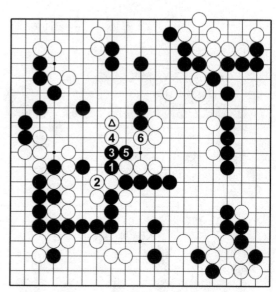

图 6-28

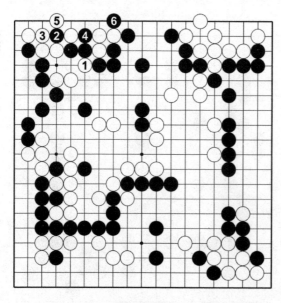

图 6-29

图 6-29 如果不弃两子,而在 1 位断,生出黑 2 的妙手,就发生大事情了,白如在 3 位打,黑走 4、6,白三子被吃。

[这是坂田厚壁闪光的一局。]

座右铭

围棋是你生活的一部分,也是你生命的一部分,如果这个可以成为座右铭,我将为之努力。

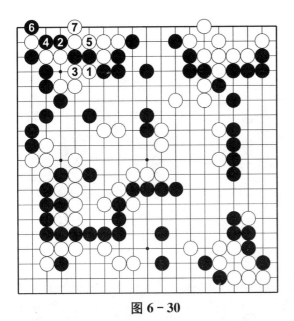

图 6－30

图 6－30 对付黑2，白3如吃两子，到黑6打，白7还得补活，黑棋先手取得大利，形势就逆转了。

实战对付黑19靠，白棋如在21位应，黑在20位立下，白只有在C位抵抗，黑23位断，白D位挡，黑E位断，黑棋可以先手封锁白棋。

此时是白棋领先的局面，把这个损失降至最小程度，而转占到所期望的24这一着，这样就有胜利的把握。白24这一手不但使白棋干净，而且还藏着——

图 6－31 白1至7的严厉手段，下边的黑棋就靠不住了。继续下去，黑8冲，即引起大战，经过如图6－31的次序到白31，下边的黑棋被吃（过程中黑28如在29位断，便生出白在28位断的手段）。

因此，谱中白24接后，黑方是不能脱先的，黑25冲就是防止上述白棋的手段。

［高手对弈就是双方在沉思中进行手谈。］

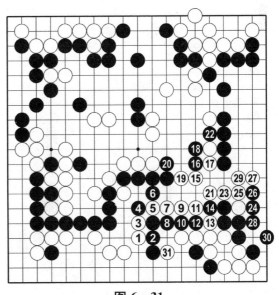

图 6－31

图 6 - 32　白 30 含有先手的意味，走了这着，又产生图 6 - 31 的手段。黑 31 是白 30 的对策。

白 38 是猛烈之着。这着可以成立，上边的黑地完全被破坏。对付黑 39，白 40 是要点。

［在这里我们又欣赏到坂田剃刀的手段，至黑 47，白先手吃一子。］

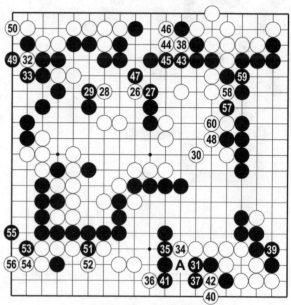

图 6 - 32　实战谱图

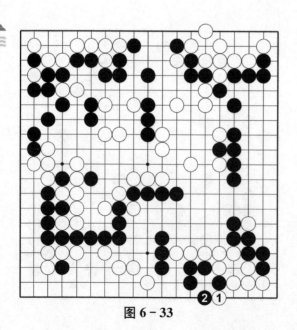

图 6 - 33

图 6 - 33　白如 1 位打，被黑 2 做劫，情况就严重了。

实战黑 41 防守，无可奈何，如在 42 位接，则黑在 A 位冲就可出棋。黑 45 难受，但没有办法。

棋　苦

每一枚棋子都是那么重要，粒粒皆辛苦，捂在手心是温暖的，放在枰上是有生命的。

108

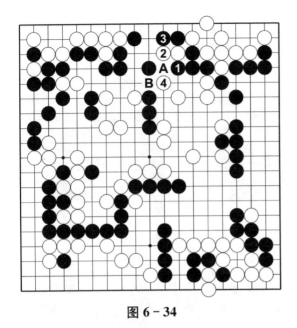

图 6－34

图 6－34 白 2 长时，黑 3 若吃白两子，则白 4 尖，A 位和 B 位黑不能兼顾。

实战白 46 先手吃一子，黑棋就绝望了。黑 47 如果不补，被白在 47 位长，黑棋被切断，这局棋就到此结束了。白 48 挡，干净，是坚实之着。

棋　墨

我的围棋，在棋枰之外，

我的围棋，在棋墨之内。

图 6－35 就实质来说，白在 1 位提是大棋，但黑有在 2 位压的要着，中腹薄弱。

谱白 50 以下全部为后手应，白棋的胜局已不能动摇。

棋　求

围棋手谈，是游戏，也是精神的追求。围棋坐隐，对棋迷来说，品的就是过程。

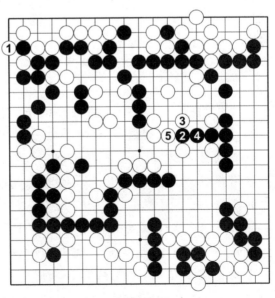

图 6－35

第七谱 61—155（即 161—255）

图 6 - 36 进入本谱，白已胜定。

结论：第四谱中黑65是胜负的关键，这着损了以后，黑棋就没有挽回颓势的机会了。

［职业顶尖高手真恐怖，棋错一着，满盘皆输。］

本局最后白胜四目。

棋 净

如果人生有块净土，那么最好是枰围棋盘。

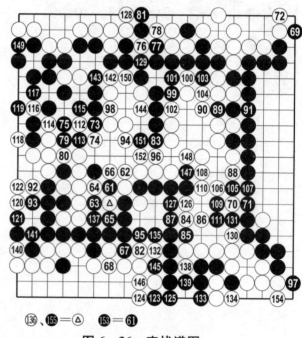

⒃、⒂ = △   ⒂ = 61

图 6 - 36 实战谱图

境 界(二)

　　作为一个长期征战的棋业棋手，想必吴清源得以从容读书的时间并不多，但这并不妨碍他平日里的沉潜思考，以及关键时刻的豁然开朗。应该承认，这种境界并非一蹴而就，而是长期修炼的结果。先生如果没有晚年的咀嚼提升，则其作为技艺的棋战，也不可能通"天"达"道"。在这个意义上，《以文会友》《天外有天》以及《中的精神》，对于吴清源的围棋生涯来说，是必不可少的点睛之笔。沈君山所说的"一着而为天下法"，只有放在这个层次，才能被真正领悟。

第 7 局　　日本第三期名人战

黑方　木谷实九段　白方　吴清源九段

（黑出五目　共266手　黑胜五目　弈于1964年7月8、9日）

吴清源　解说

第一谱　1—22

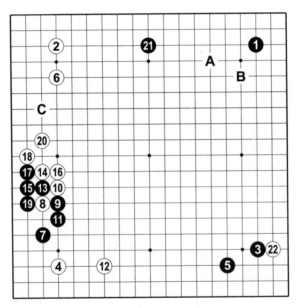

图 7-1　实战谱图

图 7-1　黑1占三·3，目前最为流行。黑7选择了低挂。

图 7-2 黑于 1 位高挂,为常见之着法,以下黑 5 虎,成为黑 7 飞拆的构图。

围棋双星 1 木谷实先生外号"怪童",是昭和棋界一位划时代的人物。他是个生性执着的人,扩张实空时总是先从低线着手,一点一点精打细算占取实地,然后开始扭杀。

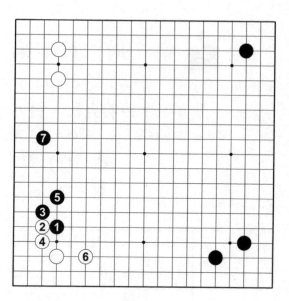

图 7-2

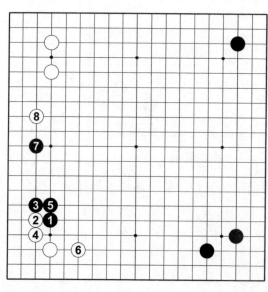

图 7-3

图 7-3 黑 5 不虎而接,黑 7 拆后,白 8 成为绝好点。去年的名人战中,坂田与藤泽秀行的对局,曾出现过本图的局面。

实战白 8 一间夹。黑 9 压、11 退是最简明的定式。

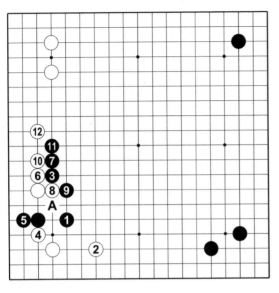

图 7－4

吴清源详解经典名局

图 7－4 黑 1 关,曾经有过一个时期是时兴这样走的,但是下到白 12 后,黑棋必须于 A 位补,黑棋颇感不满。因此近来这一定式已不被选用了。

实战中,至黑 19 止是常型。白 20 并不一定要补。白此手曾考虑于 A 位挂,黑 B 位应后,再于 21 位拆,黑如于 20 位觑断,则白仍脱先去飞 C 位,如此构图可以成立。

黑 21 是绝好的大场,只此一着。白 22 试黑应手,是常用的手段。

图 7－5 黑如于 1 位扳,则白 2、4 是要着。

围棋双星2 1933 年夏,木谷实先生和吴先生在长野县的地狱谷温泉,一反历来重视缔角的传统下法,创立了注意向中央发展的具有革命性的"新布局",给棋界带来极大冲击。

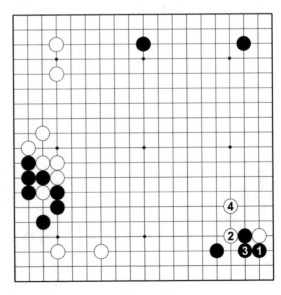

图 7－5

图7-6　黑23长应,最为稳健。当右边上方空着的时候,先于23位长,是常识之着。黑23长后,白棋虽可活角,但如立即在角上做活便见其小。

图7-7　白1、3、5立即做活之后,黑既有A位的先手立,又有B位的挡着,黑棋外势非常厚实,所以白不好。

实战中白24拆,大场。白如不走,则黑于A位拆是绝好之处。黑25小飞,则白26大体上

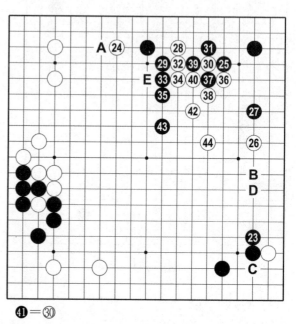

㊶＝㉚

图7-6　实战谱图

也只能分投了。黑27当然,此手如于B位开拆,由于角上白棋可于C位做活,拆于B位效果不大。

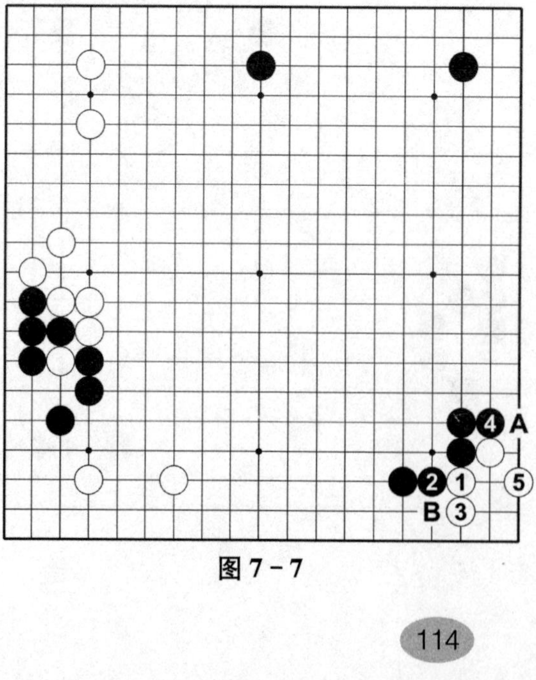

黑27拦后,白如D位拆二,则黑于E位关,右上角便形成"箱形"地域,因此白28在黑棋尚未形成"箱形"之前,先一步打进此处。白30如照——

图7-7

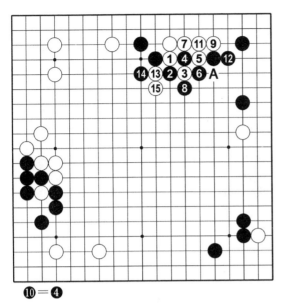

⑩＝❹

图 7-8

图7-8 白1长出，黑2扳，白3扳，黑4断是要着。白5打时，黑6、8反打是定式，以下黑12退后，白有13的断手，如此白方可战（白棋还有于A位的断着）。然而图中黑6不打，而走从7位长出的一步俗手，反而格外有力。

图7-9 黑10曲后，以下至16为止，非常有力。下一步白如于A位曲，则黑于B位尖，白棋两方受攻，成苦战的形势。

白为避免走成上述形势，因而实战选择了30的靠。黑31扳的方向正确。

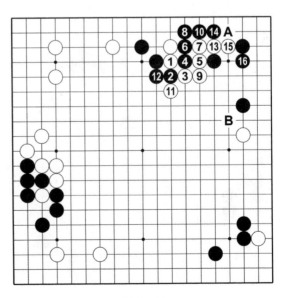

图 7-9

115

图 7－10 黑如于 1 位扳，则白 2 反扳强硬，黑 3 断打，白 4 反打，此时黑如 A 位提，则白 B 位接，颇好。

谱黑 33 可于 35 位关，白仍 34 位长，黑再 33 位接，结果与谱中相同。

白 36 至 42 为止，必然之着。黑提白一子成梅花形，颇为结实，但由于白棋也穿破黑空，将黑棋一分为二，如此告一段落，双方尚属相称。白 44，起先曾想过如——

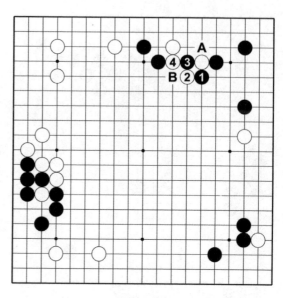

图 7－10

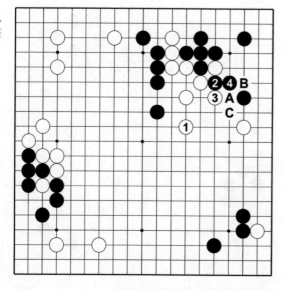

图 7－11

图 7－11 白 1 关，黑 2、4 断吃一子是坚实之着，这样白棋的形状就觉单薄，需要补一手。此时白即使 A 位挤，黑于 B 位接后，仍留有 C 位扳出的手段。

由于白棋抢不到先手，因此有谱中白 44 飞。

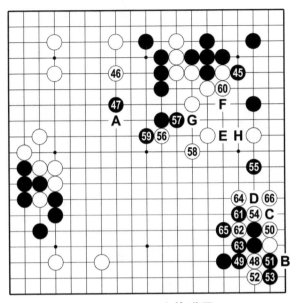

图 7-12　实战谱图

图 7-12　黑 45 也是当然之着。

图 7-13　此手黑不打，白便于 1 位长，黑 2 飞后，则白有 3 靠的手段（下一步黑如 A 位挡，则成白 B 位，黑 C 位，白 D 位）。

实战白 46 大场，白如不走，黑于此处镇，仍是好点。黑 47 也是形势要点。此手不走，被白于 A 位围成"箱形"地域，约可成空五十目。

现在的局面，白 48 在右下角发动，正当其时。发动之后，并不单纯在角中谋活，如拘泥活角则毫无意义了。白 50 如于 52 位立，则黑于 50 位曲，白于 B 位虎活后，被黑拆到 55 位，上方白子即单薄。此处黑棋让白活角，颇为充分。

黑 51 如于 54 位长，则白于 52 位立，活角很大，那时黑于 C 位曲又非先手，活得就大为不同。因此黑 51、53 夺角，当然之着。

白 54 扳后，下一步黑

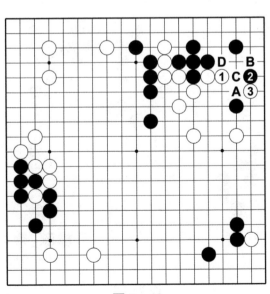

图 7-13

如于 61 位扳,则白可于 64 位连扳,黑于 C 位打,白便 D 位接,放弃二子得先手。黑 55 打入,非常猛烈。此手准备于 E 位切断白棋,进行袭击。黑 55 这一子吃不掉它。

图 7-14 白 1 长、3 尖后,黑有 4 长至 8 扳出的着法,白 9 断、11 反打无理,以下是至黑 18 为止的对杀,白败。

实战中白 56 是没有办法的一着,其意在下一步黑如于 59 位扳,则白于 57 位扳,即可弥补弱点。

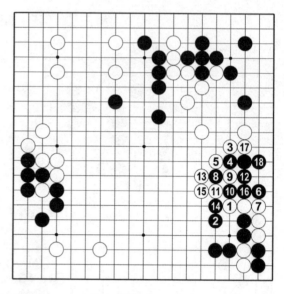

图 7-14

黑 57 长,再 59 扳,机敏。留有黑 F、白 G、黑 H 压的狙击手段。白 60 接是自补弱点,同时含有——

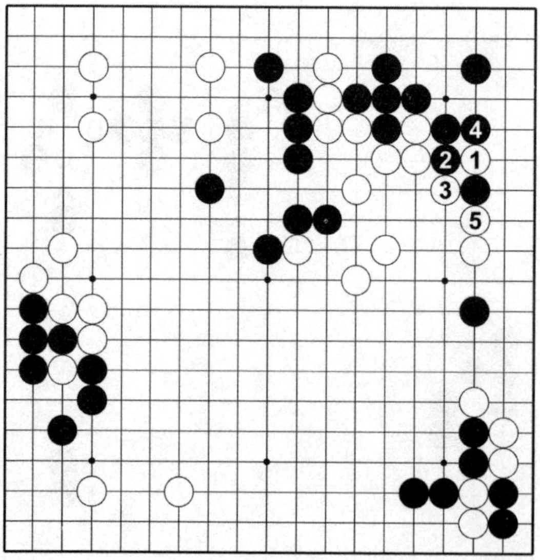

图 7-15 白 1 跨的手段,黑如 2 位冲断,白有 3 断、5 打使白棋坚固的走法。

谱黑 61 扳,是与黑 55 相关联的手段。

围棋双星3 吴清源升到五段时,开始经常执白棋,由于当时黑棋不贴目,如果按照老套定式下,执白多不利,吴清源试图用一手来取代两手保角地的下法。

图 7-15

经典珍藏

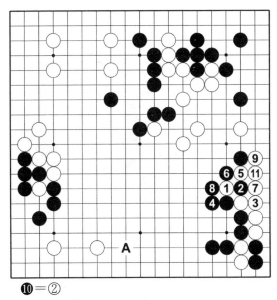

⑩＝②

图 7－16

图 7－16 此时白棋如在 1 位扳,黑 2 断吃后再 4 位长是好手。白如 5 打,黑 6 至 10 先将此处压扁,然后于 A 位尽量地开拆,黑好。二路行棋反映了白的屈辱,白不堪忍受。

因此谱着白 62、64 用俗手是不得已。黑 65 如照——

图 7－17 黑 1 打、3 爬,吃白两子,白 4 扳、6 接成空,白棋便安定。如此为白棋所欢迎。

实战白 66 双虎,只此一手。

围棋双星4 木谷先生是因为不愿让对方罩住头,希望在布局时能向中央发展势力,就开始试用三连星布局。

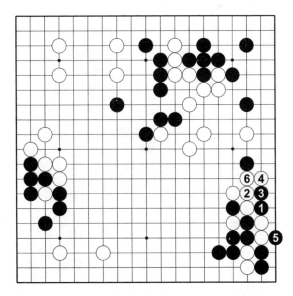

图 7－17

图 7 - 18　黑 67
如照——

[又一次跳过陷阱，
计算力名不虚传！治孤
时尽量借力行棋，寻找
对手棋形弱点，棋行大
道。——编者注]

　　棋　贤

恣意汪洋，嬉笑怒
骂，皆成文章。

棋贤雅士，上天入
地，乐得逍遥。

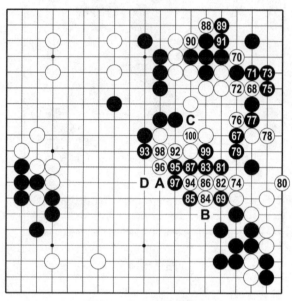

图 7 - 18　实战谱图

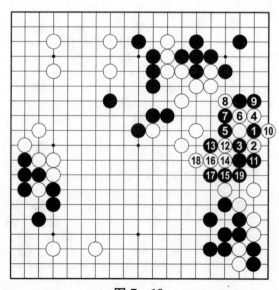

图 7 - 19

图 7 - 19　黑 1 位
托，以下应对至白 8 断，接
着黑 9 打，白 10 接，至白
12 短兵相接，双方必然形
成至黑 19 的转换，白右下
几子是劫活，黑右上边也有
薄味。

实战白 68 如于 76 位
扳，则黑 77 位断，白 79 位
打，黑 78 位渡，白成凝形，
无趣。现 68 跨是要着。黑
69 如照——

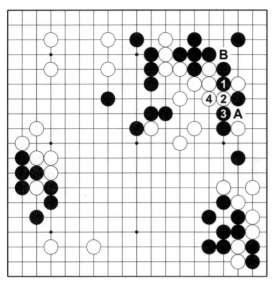

图 7 - 20

图 7-20 黑于 1 位冲,白 2 断,黑 3 打,白 4 接,以后 A 位及 B 位两个断点,白可占其一,白棋成功。

黑 69 扳,试白应手。白 70 先在角上动手。

围棋双星 5 木谷先生在温泉第一次对吴清源谈起他的想法时,吴清源以为太离奇,没有领悟,但他反复讲解了两三次后,吴清源忽然感到有所启示。

图 7 - 21 白 1 若长,则中了黑棋的计谋,黑 2 长是先手,这样至 8 打为止,黑便可脱出困境,化解了白棋图 7-20 的手段。

实战黑 71、73 是坚决进攻白棋的策略。

[木谷的棋风在日本有"狡猾诡秘型"之评,不然怎么叫"怪丸"呢,一分钟能看见天方夜谭,可能在吴清源跨的时候,他就准备好了应对的良策。——编者注]

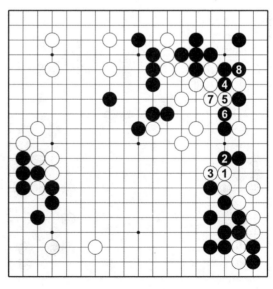

图 7 - 21

121

图7-22 黑若1位打，以下成白2至黑11为止的转换，右边连通成黑地，黑棋赢得实利，因此黑方可以运用这一变化。然而白棋的弱子也先手走好，颇为安心。

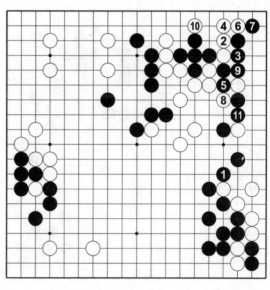

图7-22

实战中白74长当然。现在白棋不堪再让黑棋在此打头了。黑75渡，是黑走73时预定的着法。白76扳后，黑77断是必然之着。此处是胜负的重大关键。白78采取强行之策。

图7-23 白还是应该采取1打至5接的忍耐着法。如此虽然不能令人十分满意，但黑方有五目大贴目的负担，采取先迫黑棋处于低位的着法，方能从容不迫。

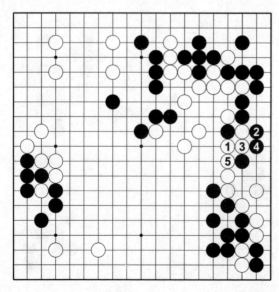

图7-23

实战白80从边线渡过，并不是什么了不起的棋。对白84，黑85夹是要着。黑85如于87位长出，则白棋当然于92位长，今87未长之前先于85夹，促白86接，然后再87长出，进退有方，是行棋的步调。

白88，此处除此先手一托之外，别无他着，因此把它走净。黑93如于96位跳，则白于95位冲，黑于94位接，白于A位扳，此时黑即使于B位封锁，白棋也不肯费一手在右边补活,而是在 93 位扳,以争胜负。如此着法,黑有所惧,因此黑 93 长,本手,同时也是急所。白 94 冲,以下看到双方勾心斗角,黑 99 先手补是时机。

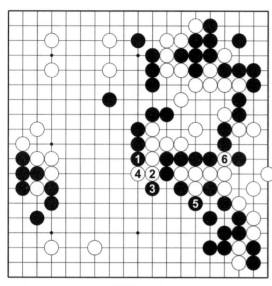

图 7 - 24

段赛。

第五谱　1—22
(即 101—122)

图 7 - 25　对付黑 1——

[双方展开了一场近乎疯狂的战斗,面对强大的对手,双方手法缜密,几无破绽,形势丝丝入扣。——编者注]

围棋双星7　吴清源获得第一名,木谷实获得第二名。从此,新布局深入人心,两位声

图 7 - 24　黑如 1 位长,再 3、5 位封锁,则白 6 轧,吃黑一子而活。

实战白 100 接,不得已。此手如于 C 位挡,则黑于 D 位枷,白便不能出头,不好。

围棋双星6　三三、三连星现在大家都经常采用(2014 年后棋界开始盛行错小目),但在当时却是惊天动地的大冷着。冲破旧时代的藩篱,推出新布局后,两位参加了当年秋季升

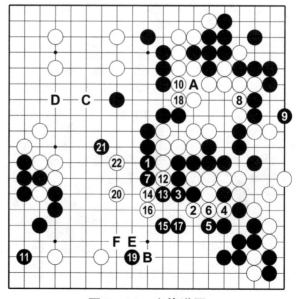

图 7 - 25　**实战谱图**

望日隆。

图 7－26 白如于 1、3 位逃出，则黑于 4 位封，右边白棋需苦活。

实战白 2 打后，下一步黑如 12 位曲，则白于 7 位断，进行作战。黑 7 未长之前，如先于 10 位与白 A 位交换——

图 7－27 白 4 先手接，以下至 10 立为止，白棋成活。

从第四谱白 78 开始，至本谱白 10 为止，战斗告一段落，结局是白棋后手活，没有收到预期的战果。

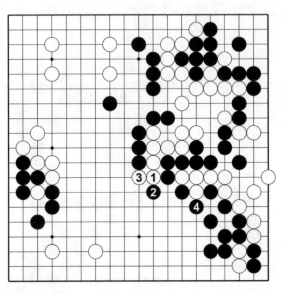

图 7－26

黑 11 大场。下一步白于 B 位拆二，是常识的下法。可是白棋拆之后，黑先手于 C 位关，白于 D 位补，黑再 E 位觑，白 19 位应，黑 F 位长，中腹形成厚势，如此不可否认是黑棋优势。

白 12、14 冲断，是白 10 补后势所必然之着，然而这两手并不是好棋。此时仍然应按前述着法，不急不忙地于 B 位拆二，方是从容不迫之着。白 18 如果不走，则黑棋在上边就有种种的利用。

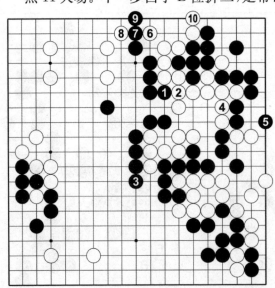

图 7－27

124

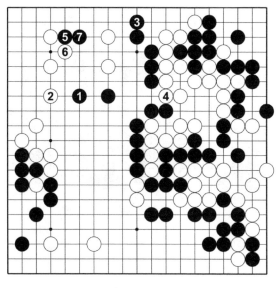

图 7－28

图7－28　黑1先手关、3立下，白4必然做活，以下黑棋便有5靠、7退的手段。

实战中白18补后，黑得以顺当地占到19的大场。此时白棋要贯彻白18的意图，就必须攻击上边的黑子，然而在这里竟摸不清进攻的要点。

图7－29　白1冲、3觑至7断时，黑8打、10长。白如此成空不合算。

实战中黑19是好着。

〔中腹一带的攻防，不惜耗时，连续计算了十余个复杂变化，黑先捞后洗，如入无人之境。〕

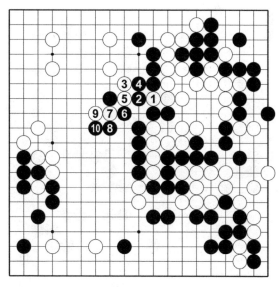

图 7－29

图 7－30 黑如退一路，反而生出白 2、4 的要着，至白 8 打，黑痛苦不堪。

实战白 20 或 22 等着，如照——

[狂飙的先驱者，遥想当年，白衣少年搅起一江怒涛，那是一段何其桀骜的岁月，经过战争的洗礼，一把豪门遗剑漂泊江湖，等待他的怒涛归来。——编者注]

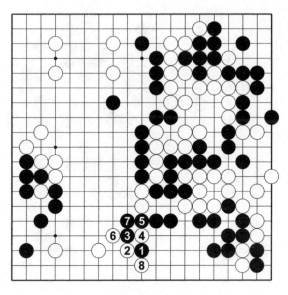

图 7－30

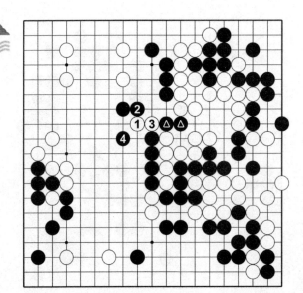

图 7－31

图 7－31 白于 1 位觑，则黑有 2、4 的腾挪手段，舍弃黑△两子而封紧白棋，白不佳。

[围棋是先人留给我们的珍贵遗产，棋手们一方面穷极所能探索新变化，一方面又不时地再现枰上旧影。——编者注]

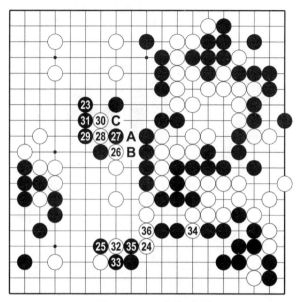

图7-32　实战谱图

图 7-32　黑23好手。

[中腹的治孤,从数度洞察到白棋的杀机弈出治孤强手,孤城危悬令白棋久攻不下,令人不能不感叹围棋的高深莫测,也不能不感叹两位宗师的棋艺精湛。——编者注]

图 7-33　此时黑如在1位挡,则白2至6在上方做空,此后黑如 A 位反击,则白于 B 位连回,可以脱出危险。

谱白24如照——

[围棋是无解的题,你若不能击败,就只能自己确立自信。所以即使是吴清源,也只能沉默面对现实。——编者注]

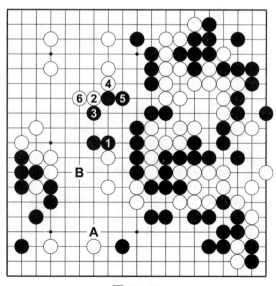

图 7-33

图 7-34 白于 1 位攻，如果黑 2 接，则白有 3 位冲至 9 位断为止的着法（下一步黑于 A 位曲，白 B 位打，黑 C 位接，白 D 位虎出）。可是黑 2 不接而于 E 位应，是着好棋。白于 F 位长后，则黑于 3 位接，如此白不佳。

谱白 24 是早就预定的一个狙击点，但黑 25 反击也是有所准备的一着。白 28 如于 A 位挖，则黑于 B 位打，白于 28 位打，黑于 C 位接后，便简单安定了。白 32 如照——

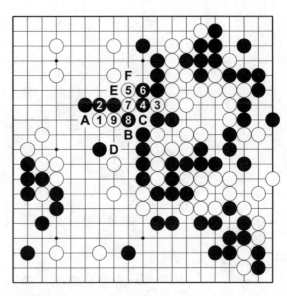

图 7-34

图 7-35 白 1 破黑眼位，应对至黑 8 接后，白就无法杀当中一队黑棋。黑棋 A 位觑，白须 B 位接，黑再 C 位觑，白 D 位接，黑走 E 位后，下一步从 F 位打入，或者包围当中白子，两者之中黑总可得其一，白棋无理。

谱中黑 33 断后，白 34 曾考虑——

图 7-36 白于 1 位接的一步棋，但是无论如何白走不好。黑 12 提后，白 13 至 19 先手通连，再白 21、23 冲出进行攻击。白 25 切断黑棋，黑 26、28 先照顾当

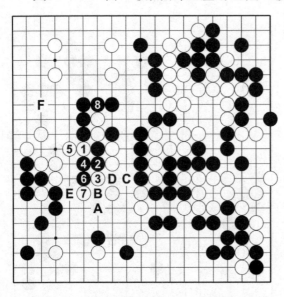

图 7-35

中一队黑子。白 29 至 33 夺眼位，虽能吃到角中黑子，但黑 34 点准确击中白棋要害，在此试白应手，妙着！此时白如 A 位接，黑于 B 位扑，白于 C 位提，黑便 D 位抛劫，因此白除 35 应之外，别无它着。黑 36 长、38 挤，白仍受窘。白如 A 位接，角上虽可太平，但留有黑棋于 E 位挡吃白两子的一着，白是难受的。白不于 A 位接，而于 E 位长出，本身眼位又不全，将来非收气吃角中黑子不可。总之，白先要牺牲

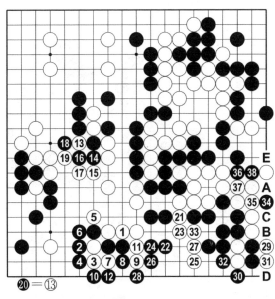

图 7 - 36

左下角，才能去吃黑棋，这样不论是放弃右边两子，或者是收气吃黑右下角，两种方法都不合算，因此只得放弃这一着法。

算得这么深远，真是令笔者敬佩！

实战中白 34 冲，黑 35 与白 36 的交换，取得先手便宜后再处理中间一队黑棋。

第七谱　37—100
（即 137—200）

图 7 - 37　黑 37 可于 38 位提白一子，其

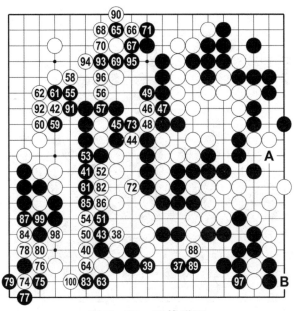

图 7 - 37　实战谱图

后白如37位包围黑子,那时黑有A位尖的妙着。

图7-38 黑2尖、4立之后,再6跨,白7、9冲断进行对杀。以下应对至黑18为止,由于黑2、4的先手腾挪,黑长一气,黑胜。其中,白3若在4位扳,则黑在3位断打,白A位反打,黑B位提,白只能5位打,黑6位跨,以下对杀黑仍快一气。

谱中黑棋采取安全的策略,而在37位关下。

黑39如照——

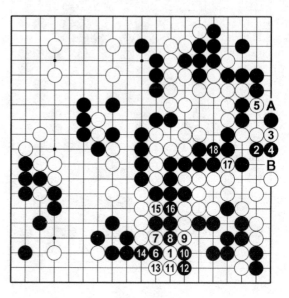

图7-38

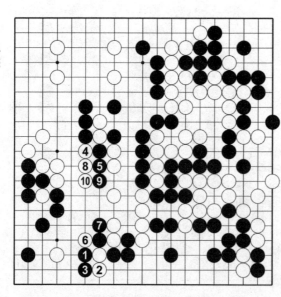

图7-39

图7-39 黑1打、3立,正好是按照白棋的意图在走棋,白2立、4打,以下至白10为止,黑棋上下不能两全。

至此为止,虽然每处空隙之中有种种手段,但是无论怎样,白棋都走不好。结果成为白42围的局面,白棋的败势已甚明显。

黑43逃出,似乎误算。白44打、46觑,是脱出危险的要着。黑51想逃,白52先手打,再54跟长,此后如——

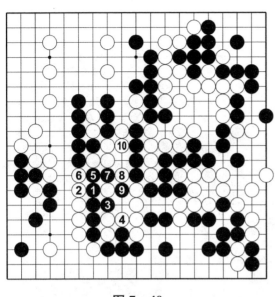

图 7 - 40

图 7 - 40 黑 1 如果再逃，白 2 挡，黑 3 打、5 长、7 打时，看上去已被逃脱，其实白 8 挖打，黑 9 提时，白 10 接便吃掉黑棋。黑棋对这一变化似乎没有看准。

实战黑 53 当然应于 57 位提才好。今不提而粘，因此白得 56 先手一觑后，正好顺手 58 挡。

黑方误算，丢掉三子，但以后黑既得 63 的先手打，又得黑 81 的先手长，因此虽然失算，但并没有什么大不了的损失。白 78 应照——

图 7 - 41 白于 1 位立，以下至 7 为止，稍微便宜一些。

在白 90 提以前，先于右下角走掉 B 位的先手官子，不知是否较好，但这都是无关胜败的问题了。

围棋双星 8 1939 年，读卖新闻社正在酝酿一个新计划，木谷实对读卖新闻社的观战围棋记者提议："按净胜四局的升降方式，吴先生与我下十番棋怎么样？"

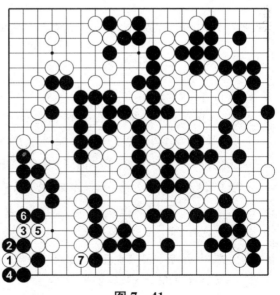

图 7 - 41

第八谱　1—66（即 201—266）

图 7 - 42 进入本谱,已与胜负无关。

本局败因是第四谱中的白 78 和第五谱中的白 12、14 冲断急躁所致。

围棋双星9 十番棋第一局是 1939 年在建长寺下的,木谷实第 6 局败后,对局方式改为先相先,整个十番棋,吴 6 胜 4 败。胜利者吴清源从此走上了光荣的大棋士的道路,而木谷实却被看作是"背运的大棋士"。

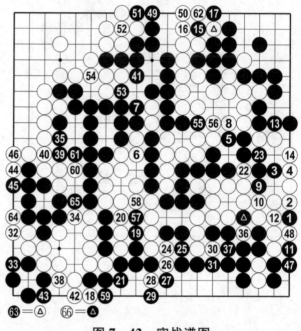

63 = △　66 = △

图 7 - 42　实战谱图

天　勤

　　林海峰在吴清源的《中的精神》出版时讲述了一段令人难忘的往事:有一次,我和工藤纪夫去拜见恩师吴清源,师母热情地接待了我们,并把我们安排在恩师隔壁的房间里休息。时近午夜,朦胧中我欲去洗手间,经过恩师的房间时,我被眼前的情形怔住了——只见剃着光头的恩师在藤制大凳上正襟危坐,灯光微弱,夜寒袭人,恩师半闭双眼,两手自然放在两膝上,恍如一位令人敬畏的得道高僧正在打坐,又俨然是一位神情专注的学者静心思虑,更像一位菩提,默默注视着弟子学棋。当时,恩师全然没有察觉我的存在,但赫然映入眼帘、让人肃然起敬的这一幕,却深深地铭记在我的心头。

第8局　日本第三期名人战

黑方　坂田荣男九段　白方　藤泽秀行九段

（黑出五目　共279手　白胜二目　弈于1964年9月5、7日）

吴清源　解说

第一谱　1—9

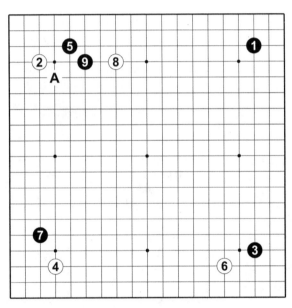

图8-1　实战谱图

图8-1　黑1走三·3是坂田先生最得意的布局。

白2占小目,藤泽先生多数选择这个方向来对付右上角的三·3。

白8二间高夹是近代的布局,现代认为A位尖是缓着。黑9最近几乎都这样下。

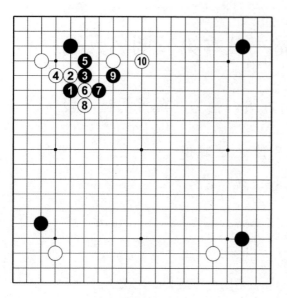

图 8-2

图 8-2 黑1是大关之着,因有被白2靠,以下走成到白10关,但早已不走这个型了。

围棋门派1 一个天资聪颖的少年,历经千辛万苦,拜在一个武功高强的宗师门下,十年磨剑,然后在江湖上扬名立万。这是武侠小说的情节,历来让人们津津乐道。"名师出高徒",这是中国的古训。围棋是中国的国粹,它也十分讲究这样的师承。

第二谱 10—16

图 8-3 白10也有走 A 位大飞的应法。如果白走大飞,则黑不一定在 11 位飞,在这个布局中,可能在 B 位拦。

围棋门派2 在现代社会,这种带古风的"师徒"关系在很多行业已经近乎绝迹。所以,棋界这种仍在坚持的"拜师学艺"的传统就更让人感兴趣。

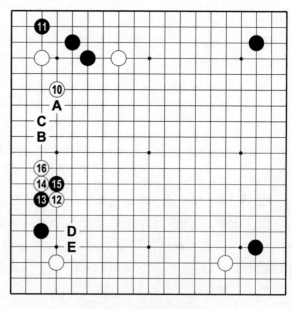

图 8-3 实战谱图

图 8-4 白 3 尖顶，便走成到黑 10 的应接。

如谱白走小飞，则黑 11 飞不可省略。此时在 C 位拦就不合时宜了。

围棋门派 3 中国围棋有哪些门派？这是棋迷感兴趣的。目前，在中国棋坛颇有名气的棋手，多数师出名门，经过一代又一代的努力和文化积淀，老一辈棋手"传、帮、带"是中国围棋崛起的一个重要因素。

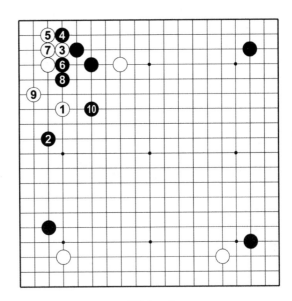

图 8-4

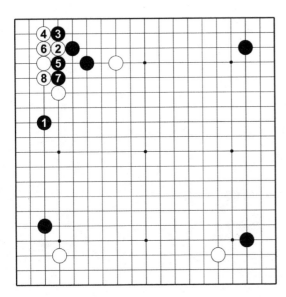

图 8-5

图 8-5 此时黑若仍在 1 位拦，则到白 8 为止的结果，黑棋气撞紧，不好。

谱白 12 是"尽量走足"之着，如在 16 位三间夹则稍缓。一间高夹也是藤泽先生的得意之着，下一着黑方的应法有 D 位关和 13 位托，但很难选择哪一着。黑如走 E 位飞压——

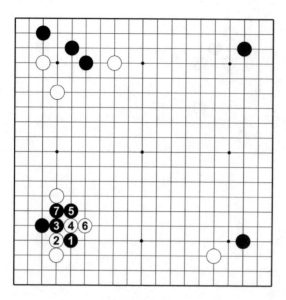

图 8-6

图 8-6 黑 1 飞，白 2、4 冲断，黑 7 接，形状不好，和图 8-7 低夹的形状比较一下就可明了。

谱中白 14 如照——

围棋门派 4 一、聂门：1993 年，聂卫平收了常昊、周鹤洋、王磊、刘菁"四大弟子"，这四人后来都成了中国围棋的超一流强手，在"七小龙"里面占据了大半壁江山。1997 年，他又收了古力、刘世振、王煜辉和刘熙新"四大弟子"。

图 8-7 白 1 低夹，黑 2 飞，白 3、5 冲断，黑 6 打，黑 8 虎，棋形完美。

围棋门派 5 除了刘熙新不为人知外，其他三个都成了国内顶尖高手，尤其是古力，已经成了中国围棋新一代的领军人物。

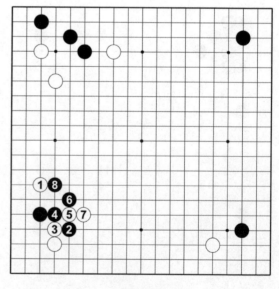

图 8-7

图 8 - 8　白走 1、3 长,黑 4 平易地长进,以下到黑 8 长,忍耐一下,白如 9 位拆,则黑 10 尖,下一步黑 A 位打入和 B 位拦必得其一。

因不愿意走成图 8 - 8 中的布局,所以谱着白 14 扳。黑 15 断,必然。

围棋门派6　现在,老聂又把古灵益等"小小虎"棋手收到门下培养,大有一统中国围棋江湖之意。

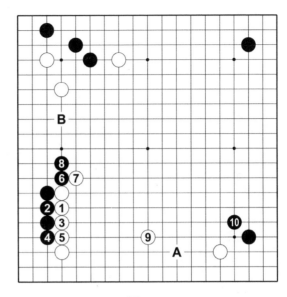

图 8 - 8

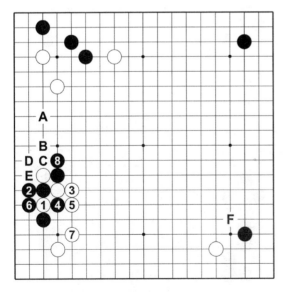

图 8 - 9

图 8 - 9　这个定式白 1 到黑 8 长是众所熟悉的型,但最近几乎都不这样下了。黑 8 长之后,下一着在 A 位拦是严厉之着,白先手走 B 位,黑 C、白 D、黑 E,以缓和黑 A 位的拦,这样就成为白下一步在 F 位飞压的局面。但是——

围棋门派7　还有的棋手虽没有拜师,但在聂道场学过棋,也算得上是聂弟子,如檀啸等。

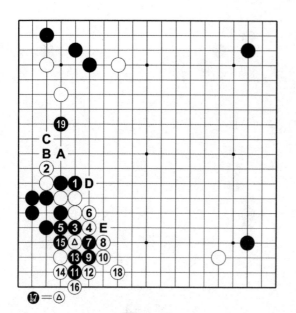

图 8-10

图 8-10 黑1压是新战法,非常严厉,白2只得长,黑走3、5试白应手,白6如在7位接,则黑A、白B、黑C,由于黑在D位长是先手,白穷于应付。因此白6只得在上面接。黑7断,白8在9位打,让黑在8位长是不行的,因此白8从上面打。白10挡,黑11是常用的要着。白12打、14立,也是要着。黑15只得提,让白16打、18虎,渡过。以这个局面来说,下一步黑必然在19位拦,以后黑如能在D位长,则含有E位断的手段,局部黑棋作战成功。

实战白16长,以静制动。

第三谱 17—27

图 8-11 黑17碰,似是奇手,其实以前已有此着法。

围棋门派8 2005年2月,刚刚夺得浙江省山海杯少儿围棋赛冠军的柯洁,来到北京聂卫平道场学棋,他被安排在低段班学习,但每次轮到高段班上课的时候,好学的柯洁总喜欢待在场边看。

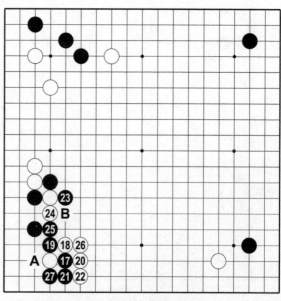

图 8-11 实战谱图

138

图 8 - 12 下一步白如在 1 位长,则黑 2 打,以下黑 4、6 顺调冲出,到黑 10 立,黑棋好,但白棋也很厚。

围棋门派9 在 2007 年全国少年儿童围棋锦标赛上,柯洁得了第一个冠军,在 2007 年 7 月 11 日的全国段位赛中,柯洁成功定段。2007 年 8 月底他加入浙江省少儿围棋队访问日本静冈县,柯洁的优异表现,已经有多家俱乐部向柯洁发出了加盟邀请。

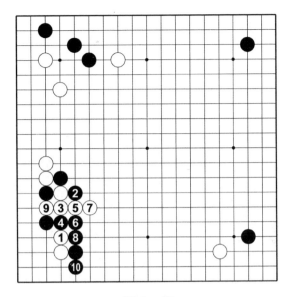

图 8 - 12

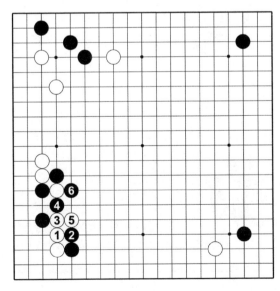

图 8 - 13

图 8 - 13 可是对付白 1,黑棋还有 2 到 6 的手段,这样是黑棋好。因此,白在 1 位长是不成立的。

谱白 18 是新手,这着我以前也曾想到,是厉害的着法。

围棋门派10 柯洁的启蒙老师是他父亲柯国凡,学棋是母亲周柳萍陪着,学棋是在聂道场,成长在围甲,扬名是在世界大赛。他仿佛是个成功的定式。

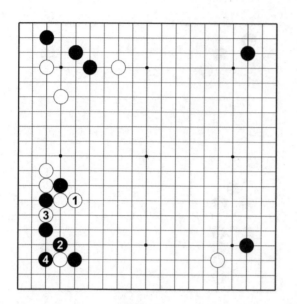

图 8 - 14

图 8 - 14 以往的着法是白 1 长,以下到黑 4 形成转换是定式,如果照这样走,上边的白势必须有相当广阔的幅度,否则就不划算。

黑 19 只得断。

围棋门派 11 二、马门:马晓春与聂卫军齐名,但生性淡泊、随意的他在收徒弟方面并不怎么看重,多年来门下只有邵炜刚、罗洗河两位弟子,虽然这两人在国内都赫赫有名,但造化比起老聂门下的常昊、古力略微低了一些。

图 8 - 15 黑如 1 位退,以下到白 14 的应接,黑棋不好。

实战中白 20 打,这着也有在 A 位长进的着法,但黑在 20 位长,进行作战。这个战斗变化非常复杂,我尚未完全研究清楚〔大师何等谦虚〕。

黑 21 是必然之着。白 22 挡也是必然着法。

围棋门派 12 聂、马在棋艺上难分高下,但如果彼此门派竞技,绝对是老聂占先。罗洗河也曾获得过世界冠军。

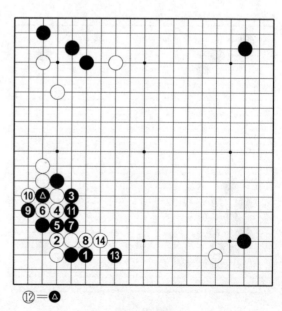

⑫=△

图 8 - 15

图 8－16 白 1 长虽然也可考虑，但现在的局面征子对白不利，这样走并不好。黑 2 扳打、4 曲，白 5 如在 6 位扳，则被黑切断，白征子不利是不能成立的。黑 6 长、8 挤，对杀白败。

围棋门派 13 三、刘门：刘小光在培养弟子方面也是颇有心得。近年来在棋坛叱咤风云的孔杰、胡耀宇等"小虎"辈翘楚就出自他的门下。孔杰取得世界冠军的好成绩。

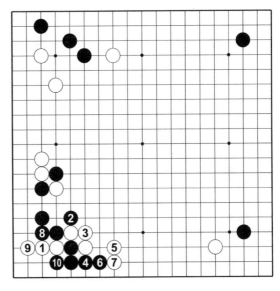

图 8－16

图 8－17 白选择 1 位压也不行，但黑 2 扳，白 3 必须打，黑 4 先手挤，然后 6 接是好着（下一着黑可在 A 位打）。白 7 只得接，黑 8 长、10 挡，对杀仍是黑胜。

因此白只得走 22 到 25 的应接。过程中黑 23 如照——

围棋门派 14 刘小光当年有"天杀星"之名，不过他的弟子和他的棋风却不尽相同，就像曹薰铉和李昌镐这对师徒的棋风对立一样。

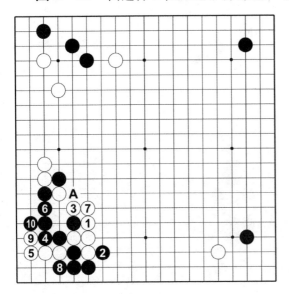

图 8－17

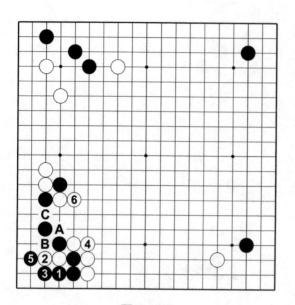

图 8 - 18

图 8 - 18 黑在 1 位曲打,就成为白 2 至 6 的应接,这样白外势厚,并且左上边及下边白棋的间隔也好。将来白还有白 A、黑 B、白 C 的走法。

实战中白 26 是不容易注意到的好着。

围棋门派15 四、俞门:俞斌门下的弟子有丁伟、王尧和邱峻三人。俞斌是老一辈棋手中的常青树,曾获得一次世界冠军和一次亚洲杯电视快棋赛冠军。现为国家围棋队教练。

图 8 - 19 白 1 如打,是平常的着法,黑 2 长,以下到黑 6 是两分的局面。

谱中白 26 接后,黑如在 B 位打吃两子,则白可于 A 位长进角,同时吃住两子(比在 27 位打远远有利)。黑 27 二路打抵抗。

围棋门派16 尽管"长江后浪推前浪"是真理,但俞斌的徒弟当时尚无法威胁到师父。而在各项比赛中,老聂、马晓春常被徒弟击败。

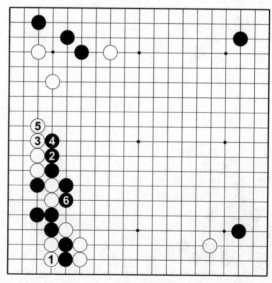

图 8 - 19

图 8 - 20　白 28 长，然后 30 曲出，虽是预定的行动，但白 30 应先在 44 位再长一着，更好。此时不长，以后便失去了机会。

黑 31、33 当然之着，此处如被白棋封住，上边两个黑棋就成为废子，因此不得不从此处利用白棋的断头生出头绪。白 34、黑 35 也是必然之着。

白 36 如在 37 位曲，黑便在 36 位接，角上围得很大。白方迟早

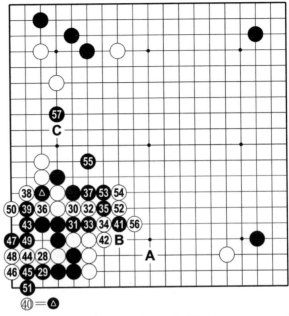

图 8 - 20　实战谱图

还得费一手去吃净上面黑棋两子，有相差一手棋的意味。因此，白 36 打吃黑一子比较好。黑 37 打时，白 38 只能提。

图 8 - 21　白 1、3 如能先手吃一子就好了，角上黑如不补，白可在 A 位长，以下黑 B、白 C、黑 D、白 E，白快一气。但此时黑可在 4 位打，然后 6 位尖，白来不及在 A 位长，因黑可在 F 位尖，白四子反而被吃。

因此谱着白 38 不得不

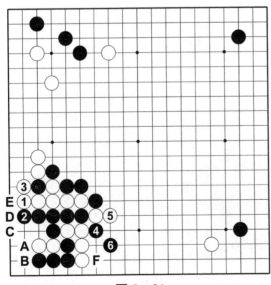

图 8 - 21

提,这样也可明了白 30 这着棋次序的错误。

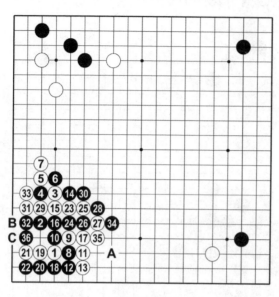

图 8 - 22

实战中黑方到 51 为止都是不得已之着。白 54 长,比在 56 位打吃一子强硬。

到白 56 告一段落,过程中白棋虽有次序不好之着,但如此结果对白有利。角上黑地只不过是十目,与此相比,白棋的外势超过了黑棋的实利。前谱的白 18 与白 26 的新手取得了成功。

现在把左下角先手扳的效果举例来说明一下,比如即使 A 位有了黑子,白棋也不必在 B 位提。

图 8 - 22 从最初的次序开始,对付黑 8,白 9 是新手段。白在征子不利的场合,白 13 改在 19 位长,不好。白 17 接是好着。白 21 先手再长一着次序好,这样白 23 到黑 30 时,白 31 立下就可成立。黑只得走 34 打、36 补角。此时黑 34 如改在 35 位打,则白 34 位长,黑 A 位尖,以下白 36、黑 B、白 C,对杀白胜,这样白棋太好了。黑 30 这着有在 31 位打的变化。

图 8 - 23 黑 30 到 35 的应对,如此结果白棋也比谱中为优。

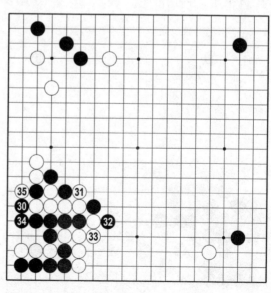

图 8 - 23

图 8－24 白 1 扳和黑 2 交换后就可脱先,黑如 4 位长出,以下到白 9,黑棋被吃。

此时的局面,如让白再在 C 位围一手,则黑棋就成败局,因此黑方拼命在 57 位打入。

围棋门派 17 　五、曹门:谢赫、李吉力、张学斌和杨一等人是曹大元的弟子。和师父的性格一样,这几个弟子都很沉稳,其中最出色的首推谢赫。

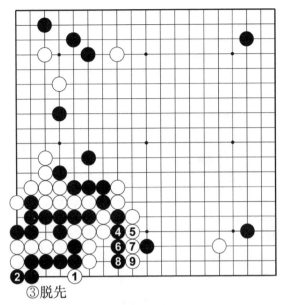

③脱先

图 8－24

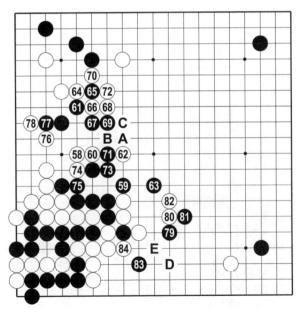

图 8－25　实战谱图

第五谱　58—84

图 8－25 对付白 58——

围棋门派 18 　谢赫在国际大赛中击败过李昌镐,也打败过李世石几次,一度成为李世石的苦手。谢赫在第 11 届"农心杯"创造了五连胜的佳绩。

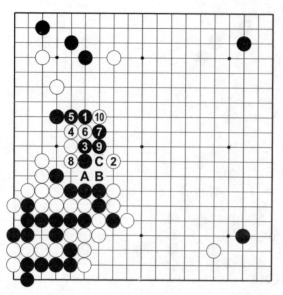

图 8 - 26

图 8 - 26 黑如在 1 位关，白 2 从这个方向逼迫，黑 3 长，被白 4 长出，黑棋就困难了。黑如在 5 位接，白 6 以下到 10，黑棋被切断，陷入困境（因有白 A、黑 B、白 C 的包收，黑棋气撞紧）。

围棋门派 19 拜师聂门是中国年轻棋手的第一选择。但想成为聂弟子谈何容易。聂老定了几条规矩：一看棋力，二看人品，三是所有弟子都同意（一票否决）。

图 8 - 27 黑 5 如接在另一面，白 6、8 冲断，以后黑 9 的要着如能成立就很好，以下到黑 15 似乎可以成功，但白 16 的先手接起了作用，对杀黑棋失败。

因此谱着黑 59 扳。白 60 如照——

围棋门派 20 日韩棋坛有个不成文的规定：内弟子未长大成家和升到职业五段，就不能离开师门。

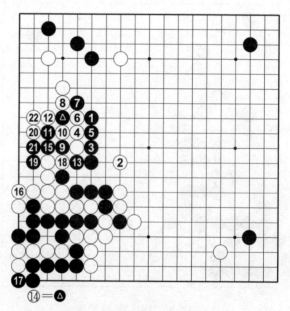

⑭＝△

图 8 - 27

图 8-28 白在 1 位尖,黑走 2、4,白 5 打时,黑 6 长出,如此形状,白棋不净。

实战中白 64 不好。

围棋门派 21 在中国,没有"内弟子"制度,而且师徒关系也比较松散,因此出师比较自由。从 1993 年收常昊等人为徒,到 1997 年收古力等人为徒,老聂和每个徒弟都签订了一份合同。规定学习以 2 年为一周期,如果到期不再续约或者在国内头衔战获得冠军则视为出师。

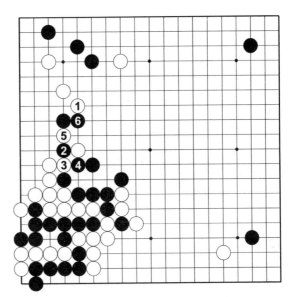

图 8-28

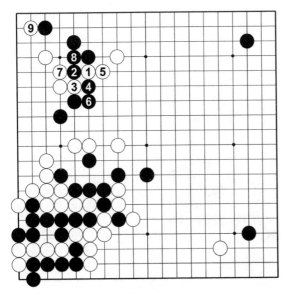

图 8-29

图 8-29 白 1 靠较好,黑如走 2、4 切断,白 3 到白 9 靠,白棋好。

围棋门派 22 日本的"内弟子"制也有其缺点,就是不同门派间的棋手,除了比赛之外,一般很少在一起研究棋艺。

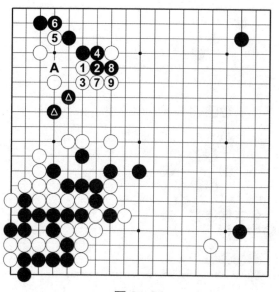

图 8 - 30

图 8 - 30 因此黑 2 只能在这边扳，白 3 长，黑 4 接时，白 5 先手尖，此着有防黑在 A 位尖靠断的意味，然后 7、9 压出，吞入黑 △ 两子。这两子很大，如整个被吞，从双方着数的分析角度来说，白棋也绝不坏。

谱中白 64、66 冲断虽然严厉，但却给了黑棋 71 位的妙手。

图 8 - 31 此时白如在 1 位打，则黑 2 逃出，再 4 长。白 5 只得提，黑 6 挡。以后白如在 A 位断，经黑 B、白 C、黑 D，角上和外面的白棋都很困苦。

因此，实战中白 72 提是不得已的。黑便在 73 位接，巧妙地联络起来。

黑 75 接，其意在于取得先手转占 79 位好点，是坂田先生快速的走法。

黑 79 好点。但白方有 A 位长，黑 B 位接，白 C 位挡，攻击全体黑棋的手段。白 80 当然不能屈服而在 D 位应。白如在 D 位应，则黑可能在 A 位补，以后黑在 E 位尖，白地就被压得更低。

白棋既然有 A 位的攻击手段，80、82 当然隔断，以阻止黑棋攻击。黑方也明白了白方的计划，因而走

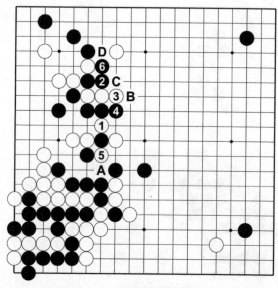

图 8 - 31

81、83接连不断地破白棋的模样。对付白A位的手段,黑将弃五子进行作战。

第六谱　85—111

图 8 - 32　黑85安根,是双方攻防要点。此时白在走 86 之前应先照——

围棋门派23　因为各派都不想让自己的"秘密武器"泄露出去,这对棋艺的提高显然是不太有利的。比如木谷实门派是世界围棋界的最大门派。

图 8 - 33　白1先飞压,试黑应手。黑如

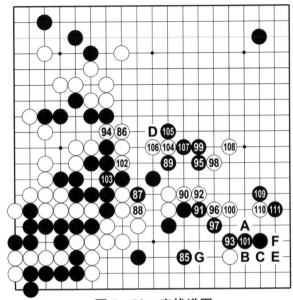

图 8 - 32　实战谱图

在 4 位冲,白5位,黑 6 位,白A位,黑12 位,白在B位长,连同上面黑棋一起环绕攻击。黑在 4、6 位冲断之前在 2 位先手尖,白就 7、9 位先手扳长后,再抢占 11 位的要点。黑如在 12 位长,则白 13 断、15 打,角上留有做活的手段,而白棋的阵形也已经坚固了,可以毫无顾忌地攻击中腹的黑棋。〔吴清源自由行棋潇洒至极。〕

实战对付白 86,黑弃五子走 87、89 是坂田先生得意的变形快速走法。黑93 如照——

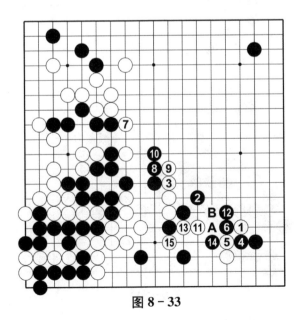

图 8 - 33

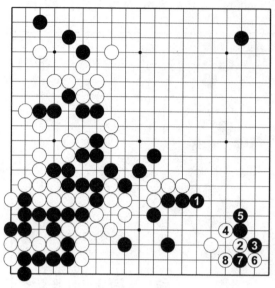

图 8-34

图 8-34 黑走1位长,白有2以下的劫活手段,左下角白有劫材,黑不能打劫。

谱中黑93压,此时好着。白在101位挖,黑A、白B、黑C的着法,在现阶段因这样走时机不对,周围的黑棋坚固。白94先吃五子总是大着。黑99不给对方借劲。

图 8-35 黑1扳的下法不好,至白6的应接,白棋顺势整形。

实战中黑101接,确定成地。

围棋门派24 木谷门下七大弟子:大竹英雄、加藤正夫、石田芳夫、武宫正树、小林光一、赵治勋和小林觉,从20世纪70年代之后统领世界围棋20多年。

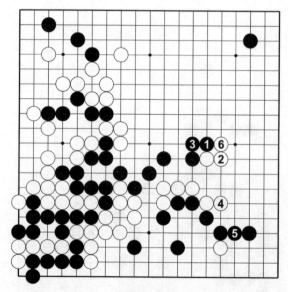

图 8-35

图8-36 此处如果脱先,白1、3是严厉之着,黑4只得粘,以下到白9扳,黑棋穷于应付。黑如在10位挡,到白17打吃,黑棋被吃。

谱白102先挤再104靠是严厉的手段,先手防黑在D位飞。黑105如照——

围棋门派25 20世纪90年代中后期,日本围棋开始走下坡路,但"内弟子"制度确实是日本围棋的基石。

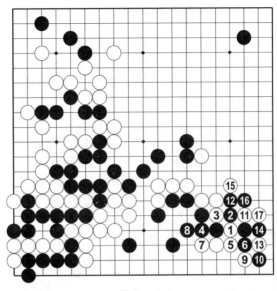

图8-36

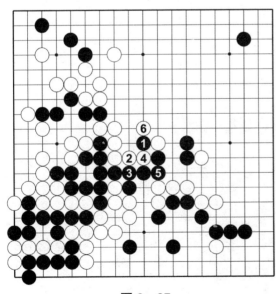

图8-37

图8-37 黑在1位扳,白有2、4的先手便宜。

因此,谱中黑走105、107是"形"。

白108尖攻时,黑109是好点,此处如让白在110位关下,角上便生出被白在E位点的手段,黑如在F位挡,顽强抵抗,就免不了被白在G位碰的手段。白110先手靠一着,好!

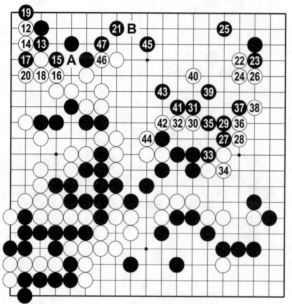

图 8 - 38 实战谱图

图 8 - 38 此时白棋应该怎么走,是很难的。

图棋门派26 一个门派衰落,另一个门派又兴盛了,张栩就是内弟子出身,他是中国台北人。

图 8 - 39 白如走1位,到白 5 为止,做成一道墙壁,白 7 尖攻,攻击中腹的黑棋到底能到什么程度,很难预料。到黑 6 为止,先让黑棋

成地,是否能收回这个损失是个疑问。

藤泽先生沉静地观察形势,走了白 12,从攻击左上角黑棋着手,这着棋他考虑了一个多小时。

对付黑 13、15,白通常是在 18 位退。如果这样走,黑在 21 位飞,已具活形。白 16 顶是不容易注意到的强手。被黑在 19 位先手扳是损的,但是这局棋,白有 A 位抛劫的意味,是非常强手。白 16 如在 18

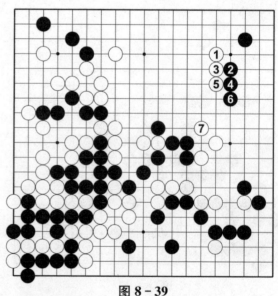

图 8 - 39

152

位退——

图 8－40 即使白在 1 位靠,黑走 2、4,白 5 长时,没有白△子,黑棋脱先(以后白 A、黑 B、白 C、黑 D、白 E、黑 F)可净活。有了白△一子就成劫。

由于打劫黑不能胜,所以白 16 是有力之着。黑 27 靠之前——

围棋门派 27 张栩 6 岁半的时候,就以出色的潜质被中国台北人林海峰收入门下。以后张栩并随师父一起东渡日本。在日本期间,张栩一直寄住在林海峰老师家中,成绩突飞猛进。

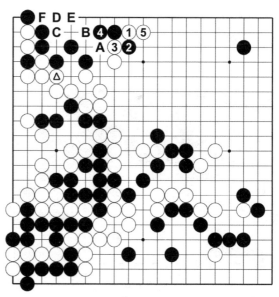

图 8－40

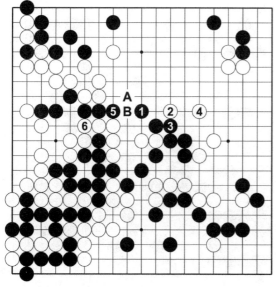

图 8－41

图 8－41 如能在 1 位先手尖一下,黑棋就成大部分很顺畅的形状,但有被白 2 反击之虞。黑 3、白 4,黑即使 5 位引出五子,以后白有 A 位觑或 B 位挖的手段,黑的行动受到限制。

所以,实战中黑 27 沉着。白 30 点方是形的急所,如在 36 位挡,黑在 30 位整形,黑棋也很舒畅而安定。

黑 31 如走 33 挤、35 虎,便被白完全先手得利。

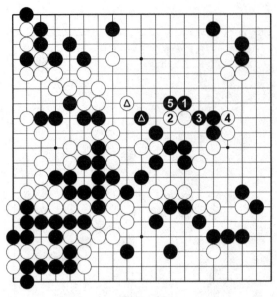

图 8-42

图 8-42 如果有了黑⬤和白⬤的交换,对付黑 1、3,白如在 4 位挡,则黑 5 长,便可吃掉白棋,有此先手一尖,到后来就有用处。

谱中白 40 是眼形的要点。始终跟着黑方大块坚持进攻,这种地方是藤泽先生压迫对方的魄力。黑 41 如照——

围棋门派 28 韩国也时兴"内弟子"制度,最著名的就是曹薰铉和李昌镐的师徒关系。韩国围棋有不少门派,如权甲龙、许壮会门派等。

· 经典珍藏 ·

图 8-43 黑在 1 位冲,白 2 尖顶,黑 3 如长,则白 4 挡,仍然攻击着中腹的黑棋,同时角上留有 A 至 I 的打劫手段。无论如何,这局棋白方持有绝对有利的劫材,黑方不得不极力避免打劫。

实战黑 45 如果脱先,白在 B 位靠是大着。

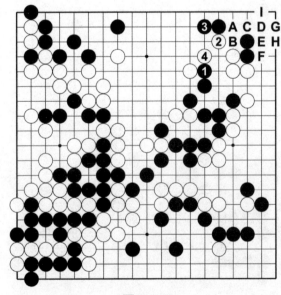

图 8-43

图 8 - 44 黑 1 如果尖,则白有 2、4、6 的先手便宜。

实战中白 46 顶,使黑 47 应,以后有 A 位抛劫的手段。

围棋门派 29 韩国年轻棋手并不像日本棋手那样关在家里自己训练,他们经常聚集在冲岩研究会或者韩国棋院一起研究围棋。集体的智慧显然比一个人要高。

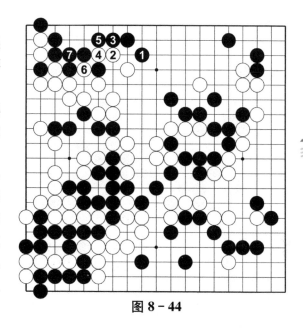

图 8 - 44

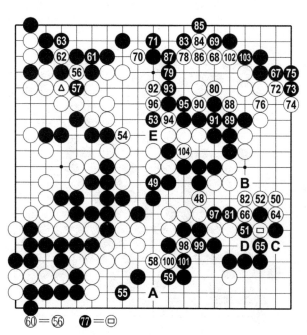

60=56　77=□

图 8 - 45　实战谱图

第八谱　48—104
（即 148—204）

图 8 - 45 白 48 顶是先手,白 50 是大场,下边还有 A 位点的大官子,这两处是目前局中遗留下来的大棋,双方必得其一。

围棋门派 30 因此,韩国年轻棋手进步特别快,初段打进世界冠军决赛的有好几例。

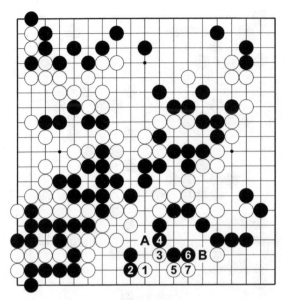

图 8 - 46

图 8 - 46 白在 1 位点,黑只能 3 位并,让白 2 位渡过。如图,黑若在 2 位挡,顽强抵抗,就有危险。因白可 3 尖到 7 爬,此后 A、B 两处白必得其一。

实战中,黑 53 应先在 82 位虎,使白在 B 位应,这样先手走一着较好。黑 55 是最后的大场。

白 56 的抛劫是预定的作战。无论如何黑打劫不能胜,因此,黑 61、63 是不得已之着。这就体现出白△子的好处。

白 64、66 是逆官子,如果黑棋粘劫,和前述黑 53 先在 82 位扳、白在 B 位应对比,白约便宜两目。对付白 70——

图 8 - 47 黑如在 1 位挡,则白 2、4 隔断黑棋,黑 5 不得不做活,白 6 冲、8 挡,下一着被白在 11 位扳是受不了的。因此,黑 9、11 扳粘,白有 12 到 16 夺去眼形的手段,中腹的黑棋就危险了。

因有上述的意图,所以谱中黑方退一步而在 71 位立。

由于黑棋经不起打劫,所以黑 77 粘。如果让白棋提,黑 C 位接,白 D 位提,

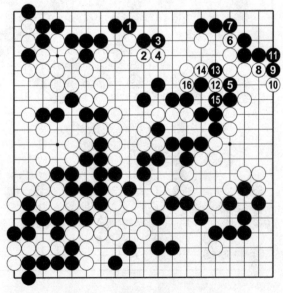

图 8 - 47

是受不了的。黑 83 如果在 97 位吃两子，虽也是大棋，但——

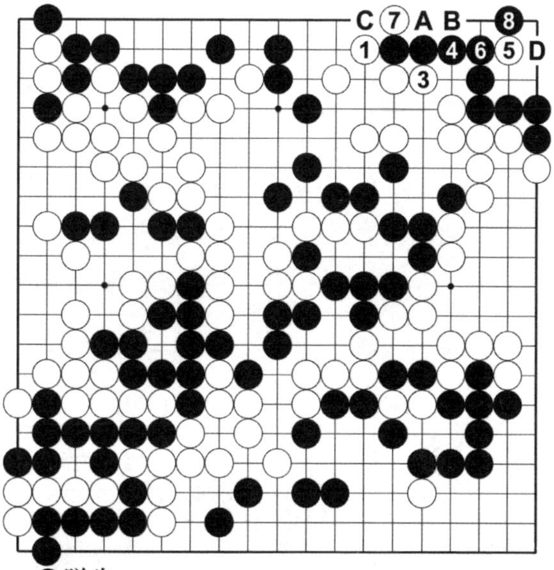
❷脱先

图 8－48

图 8－48 白在 1 位虎是大棋，以后留有 3 到 7 的官子(以后还有白 A、黑 B、白 C、黑 D 的官子)，是相当大的。

实战中黑 97 是最后的大官子，约后手九目。

中腹黑在 104 位粘是先手，虽看起来黑走 104 位和白 E 位交换较好，其实还是不走好。如果黑走 104 位和 E 位交换，就没有下谱中黑 5 以下的先手官子。白 104 提，白已胜定。

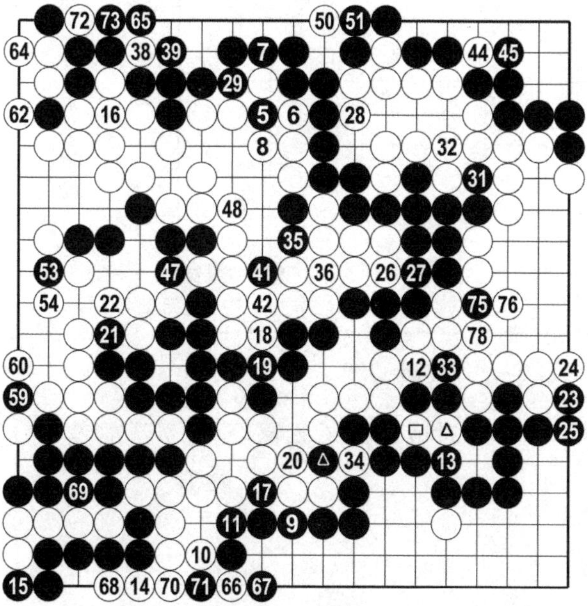
㉚＝❺　㊲、㊸、㊾、(55)、(61)＝▲　㊵、㊻、(52)、(58)、(63)＝㉞　(56)＝□　(57)＝△　(74)、(79)＝(66)　(77)＝(71)

图 8－49　实战谱图

第九谱　5—79
(即 205—279)

图 8－49 进入本谱已无波澜，只是履行收官程序。

棋　感

在围棋中，没有真正的孤独。围棋需要方向感、风向标、指南针，更需要心灵和自我交战。

第9局　日本第三期名人战

黑方　吴清源九段　白方　藤泽秀行九段

（黑出五目　共283手　白胜二目　弈于1964年5月17、18日）

吴清源　解说

第一谱　1—18

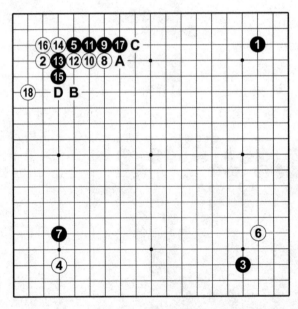

图9-1　实战谱图

图9-1　白8是趣向。在上局对坂田用了此招，取得不错的效果，经系统研究后，再度出招。

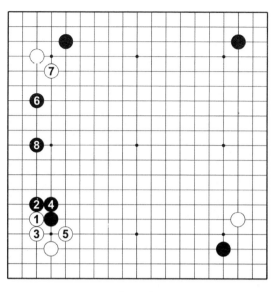

图 9-2

图 9-2 此手通常的着法是黑 1 位托,以下白 5 尖,黑 6 夹、8 拆。本因坊战中(坂田对高川之局),曾走出过这样的布局。

谱中白 8 用一间高夹,是藤泽九段的得意手法。黑 9 除托之外——

围棋棋战 1 日本棋圣战,读卖报社主办,冠军奖金是 4500 万日元。日本名人战,朝日报社主办,冠军奖金是 3700 万日无。

图 9-3 黑也有 1 位飞的着法,白 2 飞应,黑 3 如托,白 4 长后,再 6 冲、8 断,以下成至 14 为止的应接,如此为定式。对黑 9 托——

围棋棋战 2 日本本因坊战,每日报社主办,冠军奖金是 3200 万日元。日本天元战,三报社联合主办,冠军奖金是 1400 万日元。

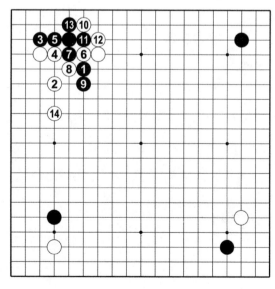

图 9-3

图 9 - 4 白如 1 位扳,黑 2 断当然,白 3 打、5 长是要着,黑 6 打以下至 10 为止,是比较简明的定式。

实战白 10、12 外封是新手。吴、藤泽对局以来,至今尚未有明确的定型。黑 13 如于 14 位长,则被白于 13 位接后,白外势坚实。因此,谱中黑 13 挖。

白 14 如 15 位打,不够充分,黑于 14 位粘后,白如 16 位挡,则黑于 A 位扳,白棋三子气紧。因此,谱中白 14 势必从下方打吃。

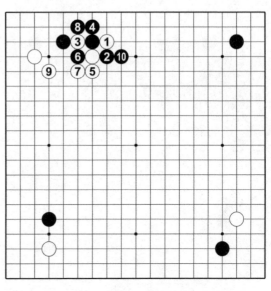

图 9 - 4

黑 15 长,白 16 接当然。下一步黑棋于 A 位扳是简单的着法,以下白 B 位、黑 C 位、白 D 位挡,如果黑这样送掉两子,大体上白棋也可满足。今黑 17 长,是照应两个黑子的手法。白 18 也有——

图 9 - 5 1 位顶的走法,这时黑 2 如曲,则白 3 夹,黑 4 长下无理,白 5 挡便吃去黑子,以下至白 11 为止,黑子不能逃生。

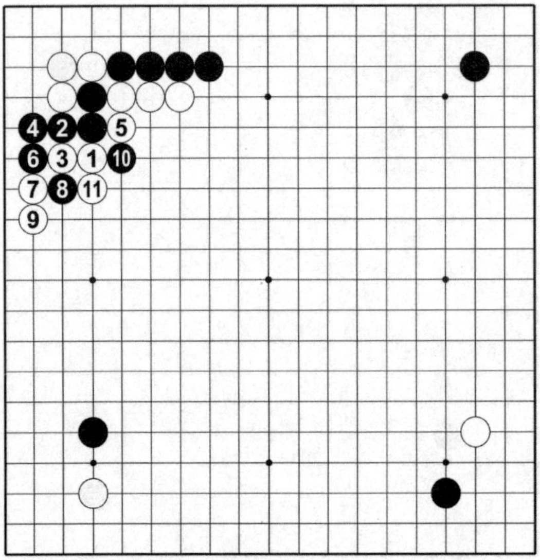

围棋棋战 3 日本王座战,日本经济报社主办,冠军奖金是 1400 万日元。

日本碁圣战,报社围棋联盟主办,冠军奖金是 800 万日元。

图 9 - 5

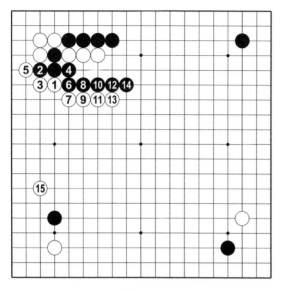

图 9-6

图 9-6 因此黑 4 只能曲,白 5 渡,黑 6 以下至 14 为止,理所当然。下一着白 15 夹击下方的黑子,如此布局可成立。

围棋棋战 4 日本十段战,产经报社主办,冠军奖金是 750 万日元。

第二谱 18—33

图 9-7 白 18 如照——

围棋棋战 5 韩国"三星杯",冠军奖金是 3 亿韩元;韩国"LG 杯",冠军奖金是 2 亿 5000 万韩元;"亚洲杯"电视快棋赛,冠军奖金是 250 万日元。

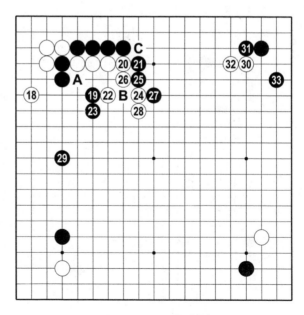

图 9-7 实战谱图

图9－8 白于1位顶,黑2立即曲出,以下成白11为止的局面,这一着法也可考虑。

实战黑19飞,新型。白20为何不在A位冲出呢?

围棋棋战6 国际新锐对抗赛,冠军奖金是100万日元。三国"农心杯",冠军奖金是5亿韩元。

第1届世界最强战在2017年3月开幕,冠军奖金是3000万日元,约合184万人民币,旨在锻炼日本人工智能DeepZenGo。

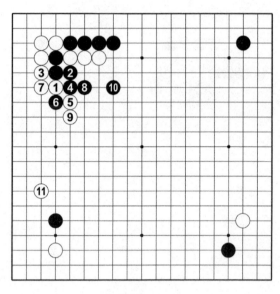

图9－8

图9－9 白1如冲,则黑2长。白如再3冲、5断,虽然可以考虑,但黑6从边上曲,舍弃三子后,得到8位飞的绝好点,构思生动,此后黑还有A位长的要着,白吃三子非常无味。

谱中白20压是强手。黑21扳,当然。

白22如于B位关,则黑于25位长,白于22位双,黑转而于29位补,轻巧地脱身,是好着;此时黑若不走29位,而于23位长,着法便稍滞重。

白22靠后,黑如仍于25位长,白大概于B位双,

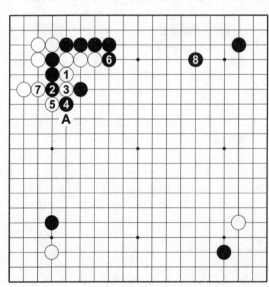

图9－9

这样便与前述着法相同。黑 23 长滞重。

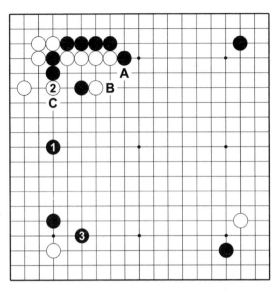

图 9 - 10

图 9 - 10 此手应于 1 位拆补一着，轻巧地脱卸，白 2 如顶，则黑 3 飞，着法轻灵。此后黑既有 A 位的先手长（此时白非于 B 位应不可），又有 C 位夹的先手，弃去两子可以。

实战由于黑 23 的长，被白 24 关后，有使棋势导向复杂之嫌。黑 25 俗手，如果不这样走，则白有 C 位的断，因此，也是不得已而为之。

白 26 不可于 B 位双，今挡一着较好，既做成眼形，又有使黑棋两子的气撞紧之意。黑 29 之后——

图 9 - 11 白如 1 位冲出，则黑 2、4 长，6 关下，正是黑方意料之着。

白 30 大场。

围棋棋战7 "春兰杯"是由中国围棋协会与江苏春兰集团共同举办的世界大赛，每两年举办一届，冠军奖金是 15 万美元。"百灵杯"是贵州百灵集团赞助的世界大赛，每两年举办一届，冠军奖金是 180 万元人民币。

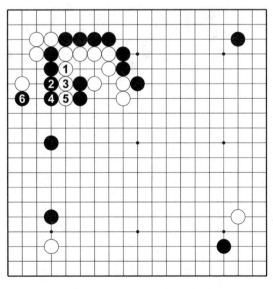

图 9 - 11

图 9 - 12 白 1 挂，黑 2 应，则白 3 至 7 应接，为一种走法。如此白棋在局部虽可以成相当的空，但另一方面总觉得单薄，这种着法为藤泽九段厚实棋风所不喜。

实战白 30 肩冲，至 33 飞是定式。

围棋棋战8 "应氏杯"是中国台湾应氏集团举办的世界大赛，每四年举办一届，冠军奖金是 40 万美元。

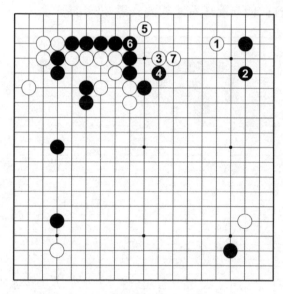

图 9 - 12

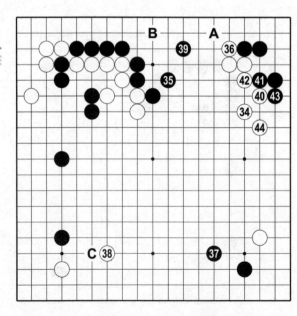

图 9 - 13 实战谱图

第三谱 34—44

图 9 - 13 白 34 如照——

围棋棋战9 "梦百合杯"是江苏恒康家居科技股份公司独家赞助的世界大赛，冠军奖金是 180 万元人民币。

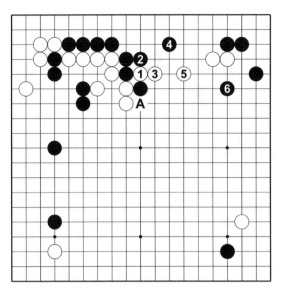

图 9-14

图 9-14 白于 1 位断，黑 2 打、4 飞取得实利，白 5 关，虽可在中腹成势，但黑 6 飞是非常的大场，下一步黑棋还有伺机于 A 位长的战斗手段。

白 34 本属定式，但是必须注意：自从前谱 30 至本谱 34 拆为止，虽属平凡，实际上这是白棋决定将作战主力置于右边的厚实走法，对此，藤泽九段做了较长时间的思考。黑 35 虎，下一步于 A 位飞渡颇大。

白 36 曲，基于上述原因是大棋。下一步黑棋于 39 位补，虽是好点，但是这样一走，被白转于下边 37 位大斜飞罩，由于上方白棋颇为厚实，是黑所不愿，因此黑 37 选择先于下边布防。

白 38 如潜入上边 B 位觑断，黑接实后，白再于 39 位飞，也是非常大的棋。这样黑便于左下角 C 位飞，左边就厚实了。

图 9-15 白如于 1 位托，黑 2 扳、4 接后，黑颇厚实，白稍不满。

围棋棋战 10 "珠钢杯"是番禺珠江钢管有限公司独家冠名赞助的世界围棋团体锦标赛，每两年举办一届，冠军奖金是 200 万元。

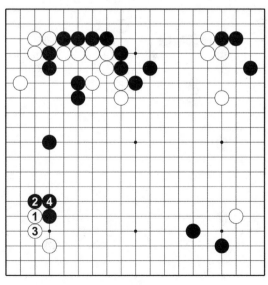

图 9-15

图 9－16 白于 1 位飞,则黑 2 托、4 退时,白 1 飞稍嫌狭窄。

因此,谱中白 38 大飞,不失为好手。黑 39 好点。

白 40 是厚实之着。厚实之着与缓着,相当近似,两者究竟区别在何处呢?缓着是无后继袭击的手段;而厚实之着,初看似为缓手,但是其后却有锐利的袭击手段。因此,同样一着棋,在实力强的人走来,含有后继的袭击手段,成为厚实之着;而实力弱的人走出

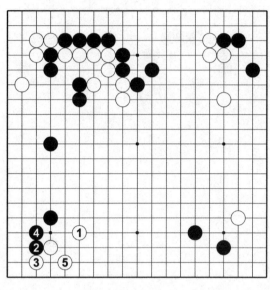

图 9－16

以后,因无后继之着,反会招致缓着的评论。例如本局的白 40 尖,实在也像缓手,但是这一尖之后——

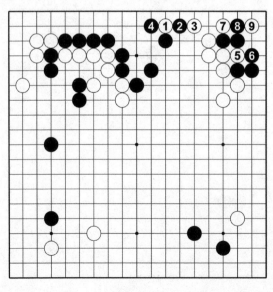

图 9－17

图 9－17 白有 1 位托的官子,倘若黑 2 外扳、4 打,白棋便有 5 至 9 的绝妙之着,角中走出棋来,主要是白 3 先手夹的缘故。但如果没有白 3 的先手夹,谱中的白 40 尖就不能说是厚实之着了。[笔者认为,此处点评真是太经典了!]

黑 43 拐,就是防备白棋图 9－17 的手段。白 44 尖是形。

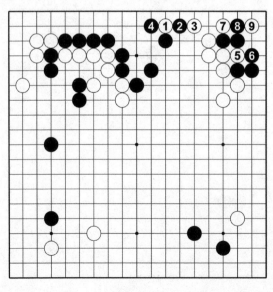

经典珍藏

166

第四谱 45—72

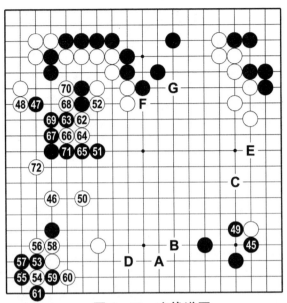

图 9 - 18　实战谱图

图 9 - 18　黑 45 尖是布局作战的选择，此手如于 46 位补，虽然坚实，但就走成白占 A 位大场的局面。今黑 45 尖顶，是上谱黑 37 飞时所预定的行动。

白 46 如 49 位长，则黑可 B 位拆一，以观白方动静。下一步黑棋便可从 C 位攻击白子。白如 C 位补，则黑于 D 位飞，在下边成空，此是黑棋之构想。

白 46 打入，当然也是料想中的一着。黑 47 飞是先手。白 48 不能省，否则被黑于 48 位挡下，顷刻间黑棋就安定了。黑 49 虎，制约白一子。其后便可于 E 位尽量地拆拦。

白 50 跳，黑 51 大跳，加强重点防守。白 52 是攻守的要点，如不走，被黑曲到此处，白于 F 位曲，黑于 G 位尖，黑棋一下变得坚厚，反过来进攻白棋了。

图 9 - 19　白 1 补角，虽然也是大棋，但是黑

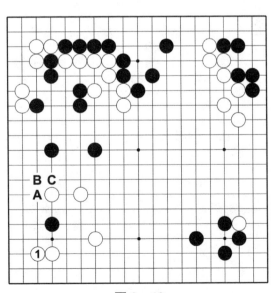

图 9 - 19

167

棋有 A 位托,白 B 位扳,黑 C 位扭断的手段,迫使白 1 之着减色。

谱中被白 52 长后,则黑在此处便没有应手。黑 53 托,实利颇大。

白 54 如于 56 位扳,则黑于 58 位断,白棋不行。对白 54,黑 55 连扳是要点。

图 9-20 此时白棋如 1 位打,被黑 2 长后,便无后继的手段,以下白如 3 打、5 虎,则黑 6 飞,轻松逸去。

实战中双方变化至 61 止,各得其所,是两分的应接。白 62 扳、64 长继续进攻黑棋。对付白 68(白 68 在 69 位打是俗手)——

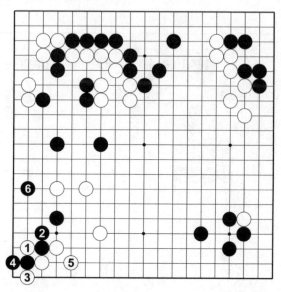

图 9-20

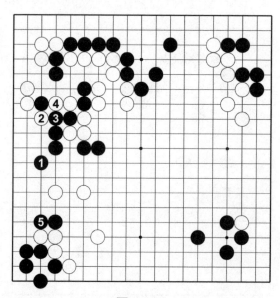

图 9-21

棋　艺

棋虽小道,实与兵法。
神游局内,意在棋先。

图 9-21 黑 1 尖是好棋,白 2、4 如贪吃黑子,则黑 5 立下,颇为严厉。

谱中黑 71 应于 72 位尖。此处是黑棋的要点。

棋　缘

情缘难了,棋缘未尽。
一尺天地,三百云子。
阴阳黑白,了却相思。

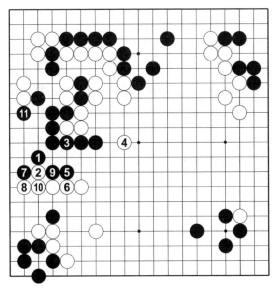

图 9-22

图 9-22 黑 1 尖,白大概于 2 位应,黑 3 接,好!白即使在 4 位攻,以下黑 5 至 11 为止,简单地做活,且还成了不少空。

实战中被白棋占去 72 位后,黑棋顿觉难受。

第五谱　71—119

图 9-23 黑 71 接,原来的意图是接实以后,可于 113 位打,白提两子,黑扑吃,白再提,黑于 117 位再打,想在此可以得先手包收,这实在是如意算盘。当

黑于 117 位再吃时,白棋便可不应了。为此被白棋夺去了 72 位的要点,此处黑棋一下变成了浮棋。

黑 73 不能省,否则白于此位长,是大着。白 78、80 强硬,一般情况下这样打劫,稍嫌无理,但由于左边一块黑棋有劫材,因此白棋运用这样激进的手段。

黑 81 压,是强化此处的黑棋,强化以后棋才好走,因此才下了决心从上面把变化走尽。白 82

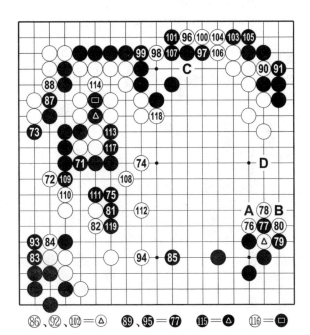

⑧、㊂、⑩㊁=△　　⑧⑨、⑨⑤=㉗　　⑪⑤=△　　⑪⑥=□

图 9-23　实战谱图

长后,黑于84位立的狙击手段已完全不存在。因此,黑83从下面先手长。

黑于 A 位或 B 位断打,由于此劫颇大,白棋也必将拼命地顽强抵抗,黑棋如断然打劫则缺少劫材,黑85暂且先拆,援应当中黑子,再看白棋的动静如何。黑93长,是含有援应上方黑棋的意思,似小实大。

图9-24 白1觑时,黑2以下至8为止,可以盘渡。其中白5如A位虎,则黑5位打,黑棋可以净活。

实战中白94关,此处

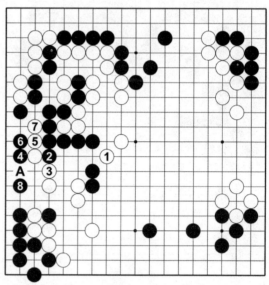

图9-24

也是要点,可以遥攻黑棋;反过来,如此处被黑所占,白棋也就有被攻击的可能,况且在实利方面也相当大。白96托,前面已说过,是早就准备的狙击之处。

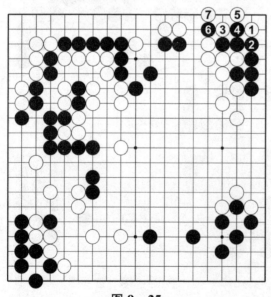

图9-25

黑97长,意在不让白棋安定。此手如于101位扳,则白于97位先手扳,黑于C位长后,白于104位虎,简单地活净。白100退后——

图9-25 角上虽有1、3、5成劫的挑衅手段,但白劫败,损失惨重,因此白也不能轻举妄动。

实战白102提劫后,黑103、105扳接,解消了图9-25的手段,同时还可以从D位打入,攻击白棋。

黑 107 补很大，白 108 着手进攻。黑 117 打后——

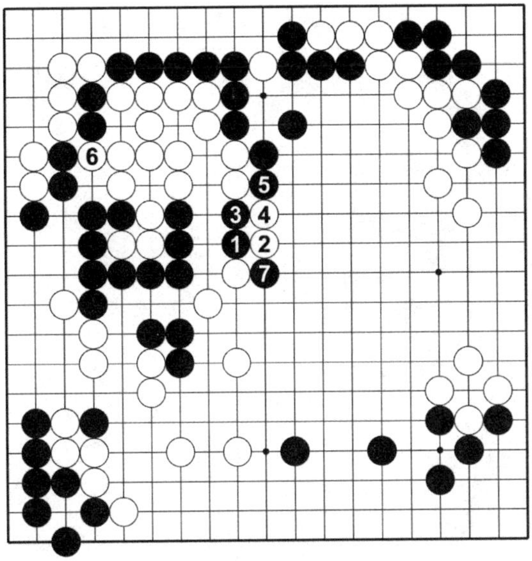

图 9－26

图 9－26 下一步黑 1、3、5 断，白 6 时，黑 7 断，有进行反击的手段。

所以实战中白 118 曲补，并且有经营中原的倾向。黑 119 是困难的场面，这一步棋究竟应当怎样走才最为妥善，就不甚清楚了。

第六谱 20—83
(即 120—183)

图 9－27 白 20 托、22 退是先手，并且很大。黑 29 粘，无可奈何，痛苦不堪。白 30 飞，形势要点，这个地方似乎是公空，但却做成了空。白棋转手占到此处，非常巧妙，从而也确定了白棋的优势。

黑 31 急忙提劫，现在反而是黑棋利用这个劫，作为破白空的手段了。白 32 爬破眼，盯着黑大块攻击。白 34 如改在 A 位冲，不好，说明后详。对黑 35——

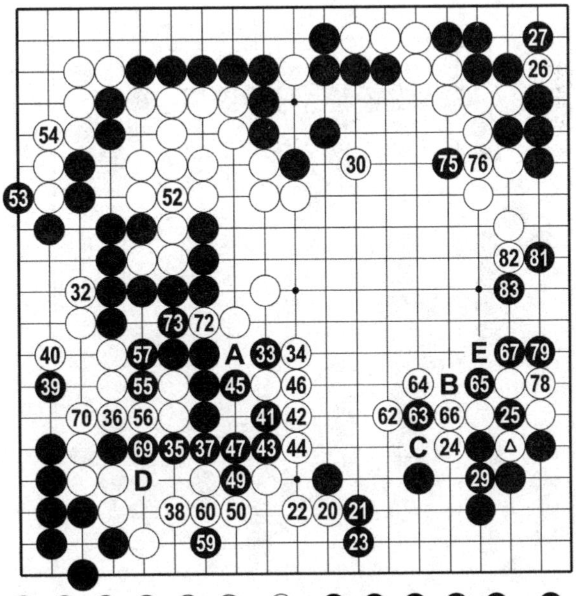

㉘、㊽、(58)、(68)、(74)、(80)＝△　㉛、(51)、(61)、(71)、(77)＝㉕

图 9－27　实战谱图

图 9 - 28 白如 1 位断,则黑 2 挖,至 8 曲后,白棋崩溃。

实战中黑 37 接后,白棋硬吃黑棋是不行的。

思　索

我认为,唯物和唯心调和,即是辩证法,辩证法没有阶级属性。围棋黑白在棋道上落子,追求的是调和中庸,辩证法与中庸思想是否相近呢?换句话说,围棋能阐明辩证法——这是哲学上的命题吗?

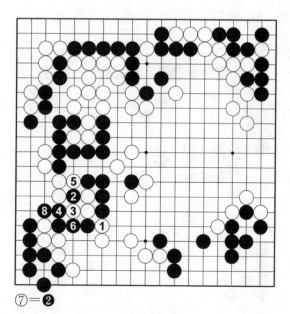

图 9 - 28

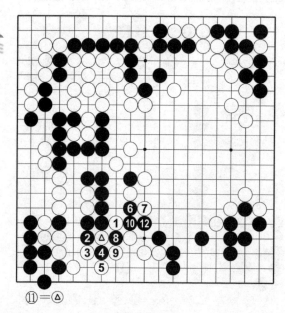

图 9 - 29

图 9 - 29 白 1 如虎,则黑 2 曲、4 打、6 跨,白 7 如扳挡,则黑 8 至 12 为止,与下边连通。

所以谱中白 38 补。此处无理地去吃黑棋固然不行,更由于白棋的形势不坏,没必要冒险。黑 47 做活后,再看——

172

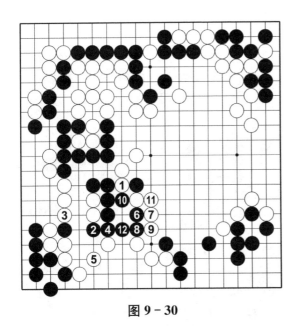

图 9－30

图 9－30 谱中 34 如 1 位冲,黑棋做活的次序虽然与谱中相同,但谱中外挡的着法要比图中冲断为净。

黑中央的大块已活,大块棋处只有 72 位的一个劫材,黑棋的负担已经消失。白 62 飞轻灵。黑 63 如照——

图 9－31 黑于 1 位断吃,再 3 打、5 长,破白空,意外地没有效果。讲得更确切一些,仅是这样程度的破空,不能满足。

实战中黑 63 如于 78 位打,则白于 65 位接,也走不出妙棋。由此可见白 62 飞确是好手。黑 63 煞费苦心,这里先跨一着,再打劫,有相差一个劫材的意味。

黑 65、67 连打,如不这样大一些破空,就不能争胜负。白 66 只能粘,若提劫,则黑 66 位打,白大势不妙。白棋由于没有劫材,因此 78 接,不得已。

如果黑棋劫材丰富,则黑 79 于 B 位断,白于△位提劫,黑则顽强打劫,黑提劫后,白如于 C 位提黑一子,黑便于 79 位挡下,再顽强打劫。如此走法虽好,可是黑棋的劫材不足(黑棋现

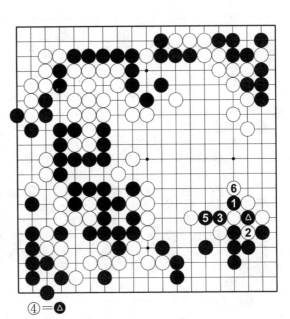

④＝△

图 9－31

吴清源 详解经典名局

在仅有 D 位的一个劫材）。黑81 妙手！

图 9-32 白1如挡，则黑2、4改变方向，不致被杀。这也是黑棋争胜的唯一方法。

实战白 82 压，不能对黑 81 置之不理。黑 83 如于 25 位提劫，则白于 E 位打，反而被白收成腹空。

棋　法

就弈秋而言，专心致志是提高技艺的不二法则。

第七谱　　84—132
（即 184—232）

图 9-33　白84 粘劫

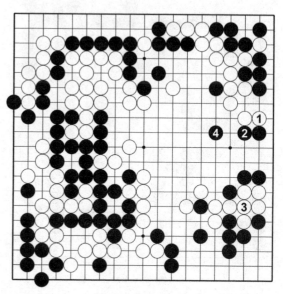

图 9-32

后，黑 85 是形的急所。白 88 严厉。

棋　风

他的棋艺，才华横溢，
乱斗风格，赌性十足。
妙手迭出，丝丝入扣，
凌厉冷酷。

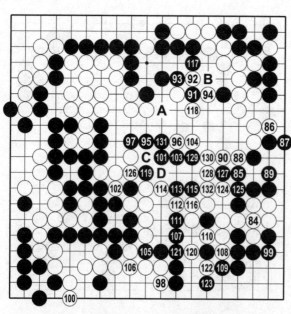

图 9-33　实战谱图

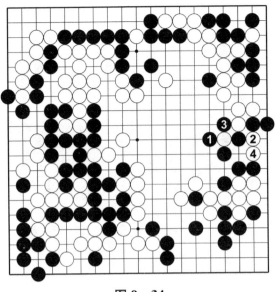

图 9－34

图 9－34 黑此时如在 1 位扳打,则被白 2 打、4 长后,黑棋究竟能否脱出危险,没有成算。

因此,黑 89 做活,不得已。黑 95 如于 118 位长,则白于 A 位长后,黑于 B 位打,白可于 117 位长,黑便没有手段[这些短兵相接的细小地方,高手一看便知,这就是高手厉害的地方]。黑 95 透点。白 96 应照——

图 9－35 白于 1 位挡,黑 2、4 后,白 5 至 11 为止,着法简明,如此结果较好。此后黑如 A 位长出是后手。黑棋如不走,则白于 B 位挤,再 A 位打,可先手封上。

实战中白 98 应于 101 位尖,围成腹空,棋才干净,这样能保持优势。黑 99 应先于 101 位尖。白 100 立后,虽有后续手段,但仍应于 101 位补。

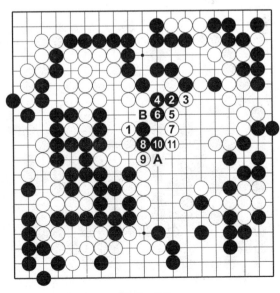

图 9－35

图 9-36 有了白△子，白 1 冲，便有吃黑一子的好处，黑 2 无理，以下白 3 扑，再 5 点，成劫杀。

实战黑 101、103 后，便伏有妙机，再 111 至 115 先手破了白空，黑棋于此虽然掌握了反败为胜的机会，可是黑 117 打，是痛心之着。此手是败着。

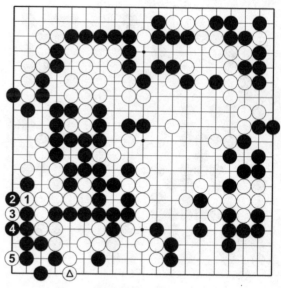

图 9-36

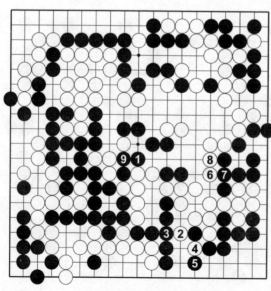

图 9-37

图 9-37 黑 1 应先尖，白 6、8 不得不取得联络，这样黑 9 接吃白四子，大约可得十目。白 8 如不接而于 9 位提黑一子——

长 考

《论语》的名言"三思而后行"，猜的话，它的谜底应该是"长考"。

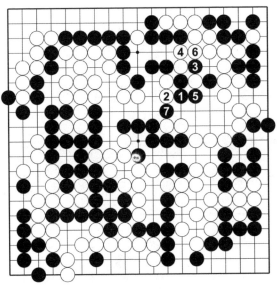

图 9-38

图 9-38 黑如实战 127 至白 132 接定型后（实战中黑 117 与白 118 不交换），黑 1 长，以下至黑 7 挖，白棋两处棋子总有一处被吃，如此黑棋得益较大。

黑 131 如于 132 位断，则白于 C 位打，黑于 131 位接，白再于 D 位提，成活，黑棋反而受损。

第八谱　33—83
（即 233—283）

图 9-39　由于上谱黑下出 117 打的败着，形势已难以挽回。[吴清源一直追赶，但在反超机会来临时，却下出了昏着，殊为可惜。1961 年第一期名人战刚刚揭开战幕，吴清源就遭遇了交通事故这一飞来横祸。此后，吴清源棋力下降，屡出昏招，甚至头痛发病住进医院。]

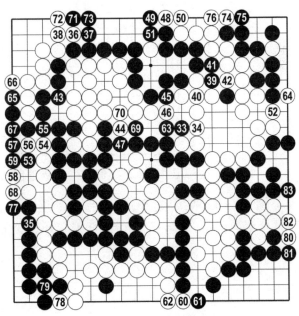

图 9-39　实战谱图

第10局　日本王座战决胜局

黑方　梶原武雄八段　　白方　坂田荣男九段

（黑出五目半　共190手　白中盘胜　弈于1964年11月11、12日）

吴清源　解说

第一谱　1—18

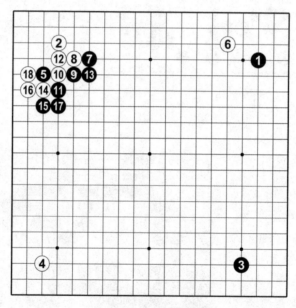

图 10-1　实战谱图

图 10-1　黑1走小目开始，以下至白6止是常见的布局构图。和1964年名人战第一、第三局同样，从黑7开始变化。

图 10 - 2 第三期名人战(即第 6 局)采用的是"一间高夹,至 17 为止"的走法。如果把图中黑 1 当作藤泽流派的秘诀,那么谱中黑 7 则可当作梶原流派擅长的大斜挂。

从白 8 开始后有所谓"大斜百变"那样多的变化。

围棋求道 1 战后,1945 年,梶原武雄、藤泽秀行、山部俊郎被称为"三羽乌",背负着日本围棋将来的希望。三人的年龄排序分别为:1937 年出生的梶原,1939 年出生的藤泽,1940 年出生的山部。

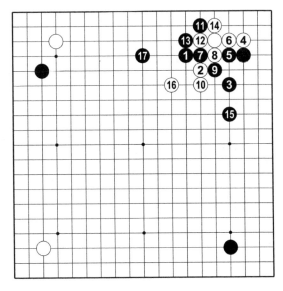

图 10 - 2

图 10 - 3 如果采用普通的下法,白走 1 位压的定式,以下进行到白 17 止时,黑 18 挂,恰到好处。白如在 19 位应,则黑 20 关,中间的白棋陷入困境。其理由是:白△三·3 位置的据点和 A 占星位不同,因此黑 18 挂变成好点。

考虑到上述的问题,所以选了白 8、10 的木谷流派着法。以下至 18 告一段落是定式,可以说这就决定了本局的方向,成为这样的骨骼,白得实地,黑得外势,以后黑方必定以中腹作战作为中心来进入中盘战。

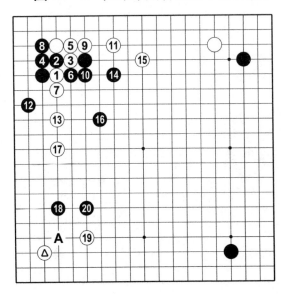

图 10 - 3

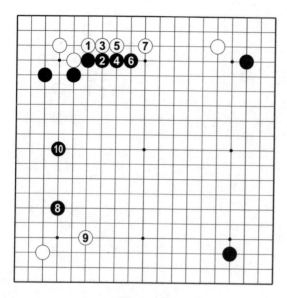

图 10-4

图 10-4 白1虎，至白7占上边的定式也可考虑，黑8、10拆边成好形。这样对付黑棋形势，白以实利进行作战的局面也是一种构图。

谱黑13可以考虑——

围棋求道2 而入段的顺序则是梶原、藤泽、山部，年长一点又早入段，对艺术追求严格的梶原，从那时起就是很可怕的兄长。

图 10-5 在1位立，到白24为止的变化，是正确的走法，白得实地，而黑棋外势极为厚实。对白方来说，左下角白△三·3的位置也不能令人满意。

围棋求道3 围棋界目前有棋圣、名人、本因坊、十段、天元、王座、碁圣的七大棋赛，另外还有几个电视快棋赛，大概有十多个头衔，以十年为一个单位，有一百多个。

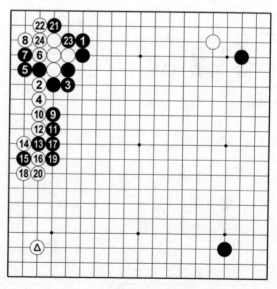

图 10-5

图 10 - 6　黑 19 夹,以左方的墙壁作为背景,是绝好点。白 20 关是好着,下一着白 22 怎样走呢?

围棋求道 4　以三十年计算有三百多个。梶原武雄有这么多的机会,一次也没有拿过头衔。围棋界人士对梶原武雄的评价不一。

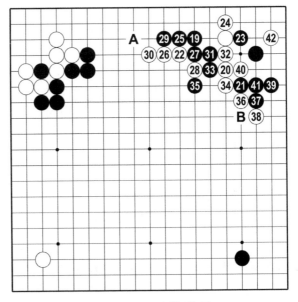

图 10 - 6　实战谱图

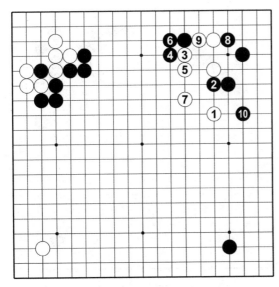

图 10 - 7

图 10 - 7　白 1 二间跳,也是一种方案。黑 2 至 5 是必然的,觉得下一手黑 6 接是好着,一般认为是走重了,但在这个时候,有效地利用左边的厚势是适当的,结果大致成为到黑 10 的局面。

对付黑 23,白 24 立虽是"形",但在这局棋,以取得实地为前提,可以采取——

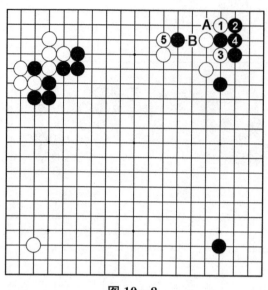

图 10 - 8

·经典珍藏·

图 10 - 8 白 1 扳是临机应变的手段,和黑 2 交换,以下至白 5 挡,限制左方黑棋的厚味。若以现代棋来看,白单在 5 位挡,黑 A 扳,白 B 长。

从黑 19 夹至白 30 是一定之着,此时黑 31、33 是适应局面的严厉手段。黑 31 也是普通不走的俗手,如黑在 A 位跳,则白在 31 位虎,是定式的走法,这样中腹作战的妙味就消失了。

黑 35、白 36 各自在要点上扳,都是锐利之着。又白 36 虽有如——

图 10 - 9 白 1 以下至 7 是占实利的手段。可黑 8 扳是好着,白如在 9 位扳,则黑 10 断,以下走到 14 时,白棋难以联络,是难受的。

围棋求道 5 二流棋士也可以拿一、二个头衔,梶原武雄是不是第三流棋士?奇怪的是,藤泽秀行却说他是第一流的棋士。

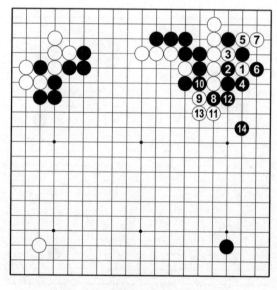

图 10 - 9

图 10－10 但是白也有 9 位的变化,走至 13 为止,也是一种局面(黑 12 如在 A 位立,则白在 12 位关出)。

围棋求道6 与头衔无缘的理由一定很多,藤泽秀行以为最大的理由是梶原武雄在探究围棋之真理,而每一局棋都使用不同的手法,不成功而反胜为败的可能有几十局、几百局,就是说为了探究真理而把胜负置之度外。

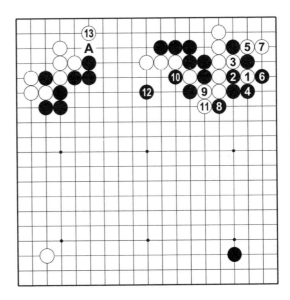

图 10－10

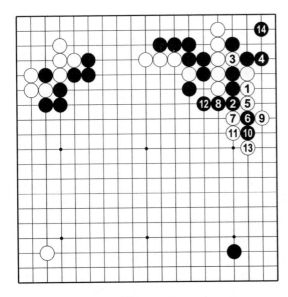

图 10－11

图 10－11 白 1 若长,虽是好着,但黑 2 长出后,白 3 断,黑 4 立,以下演变至 14 为止,上方白数子被吃太大,不划算。

谱中白 38 是坏棋,应在 B 位长,是这种棋的形。

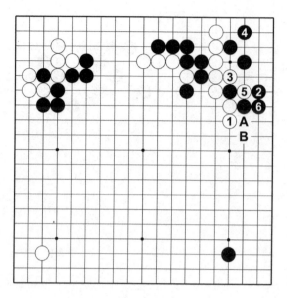

图 10－12

图 10－12 黑2若虎,则白3打,黑4守角,白5先手提很厚,黑棋并不好。黑2若在5位接,则白A拐有力,黑棋还担心白在4位跳搜根攻击。黑2若在A位爬,则白B扳,黑也无法动弹。

白40这着是难走的。

围棋求道7 梶原武雄即使下些难看的棋能赢,他也不愿下,宁愿输棋。梶原武雄的棋,有较强的个性,在序盘阶段尤甚。

图 10－13 白1这一面打,再在3位接,下一着,A位和B位黑必得其一,可转到别处下子,黑棋乐意。

因此,不得不改变如谱中40位打,再在42位点。

围棋求道8 研究梶原武雄开局后的十手棋,黑白双方只弈二十手棋,其中一定会发现一手怪异的棋,不照旧定式下,不照常识进行,这是梶原主义。

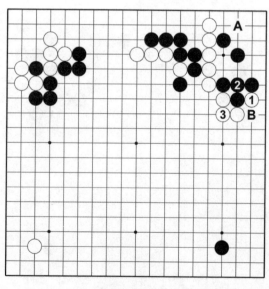

图 10－13

图 10 - 14　白 42 应先走 A 位和黑 B 位交换后，再在 42 位点，才是本形。也就是说，黑 43 扳是好着。

围棋求道 9　梶原武雄说："说老实话，布局阶段怎样考虑，也不会懂，可能是白费时间，但普遍盲目地进行，围棋怎能有进步？纵使下错，也当作宝贵的经验，成功失败都在盘上提出解答。"

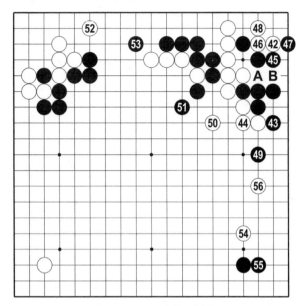

图 10 - 14　实战谱图

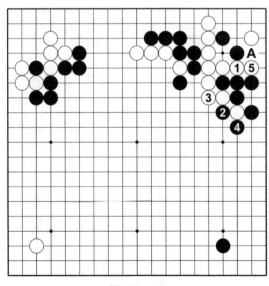

图 10 - 15

图 10 - 15　此时白如在 1 位冲，则黑必定不在 5 位应，而走 2、4 提一子转换，白 5 挡成后手（如果不走 5 位，则黑在 A 位立是有力的），相差很大。

白 46 改在 49 位关，整形，黑在 48 位虎，也可以这样走。黑 47 扳是漂亮的好着，可是白 48 是坏棋——

185

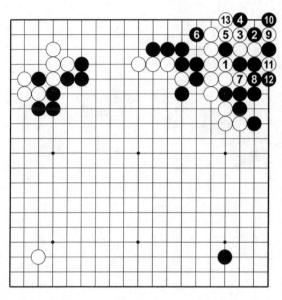

图 10 - 16

图 10 - 16 白在 1 位打才是正着,即使黑走 2、4,白 5 提,已近于活形。黑如在 6 位尖,攻白棋,白连扑后至 13 打,成劫活。

没有感觉到,由于白 48 的过失而影响到后来的作战。黑 49 飞出,白 50 和 51 都是形的要点。白 52 如将中间的四子活动出来,没有成算,因此采取舍弃的方针,是明智的。

黑 53 跳是本手。对付白 54 挂,黑 55 立,这着表示出梶原流派的感觉。

图 10 - 17 黑如在 1 位托,预定走成白 2 以下的雪崩型,双方变化至白 8 止,黑割据一边。

围棋求道 10 "昭和年代的棋士,对古时的本因坊道策与平成年代之后要负责任,昭和年代有我这样愚蠢的人也很有意思。"

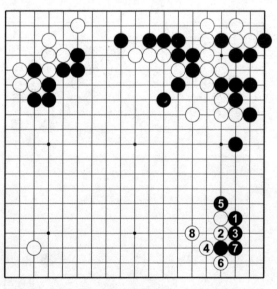

图 10 - 17

图 10 - 18 黑1拆，白2至6的定式恰到好处，黑没有意思。

从局部来说，觉得黑55应该这样走。[梶原武雄在日本棋坛有局部感觉天下第一的美誉，黑55便得到印证。]

围棋求道 11 "获取头衔，让一千万围棋人口都称赞他是当时代的宠儿。但一百年之后的第一流棋士能否为他拍手叫好？他能够剩下来的恐怕只有一张棋谱。"

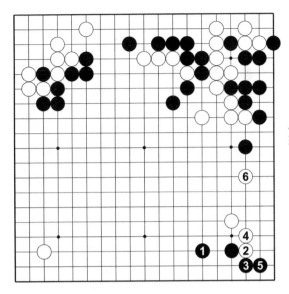

图 10 - 18

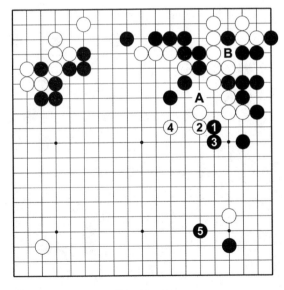

图 10 - 19

图 10 - 19 但此时黑1的攻击更加锐利，到黑5为止，右下白棋的腾挪，或者A位的切断或B位破眼攻击全部的白棋等手段，有很多的问题，如此姿势，白棋相当困苦。[这种作战的选择由棋风而定。]

觉得白56这着似乎方向走逆了。

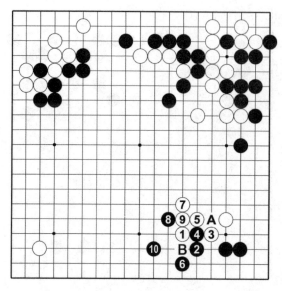

图 10 - 20

图 10 - 20　当时的预想是白 1 至黑 10 为止的应接。黑 2 如在 A 位反击，则白在 3 位扳。又比如白 3 的尖，也可在 B 位挡。

围棋求道 12　梶原武雄认为只为获得头衔与巨额奖金，不研究更进步的新手法，坚实地、小里小气地进行，把围棋之真谛忘得一干二净，可叹可悲。

图 10 - 21　白 3、5 后，黑 6 若飞出，则白 7 肩冲，步调好。

这也是一种灵活的构思。

围棋求道 13　战后围棋三剑客之一的山部俊郎九段说："梶原武雄坐火车时，不在东京站坐，而都到小站去坐。"

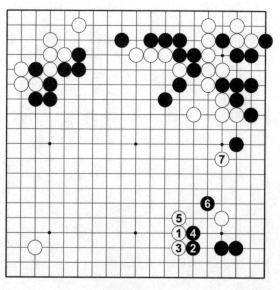

图 10 - 21

188

图 10 - 22　黑 57 是缓着。

图 10 - 23　在 1 位断是快心的一着。此处留有这个手段,且此时走时机最好,白 2 只得打,以下到黑 7 为止出头愉快,而黑在 A 位关是先手(黑再在 B 位接,白眼形就靠不住了),局面的优劣就决定了。

实战中白 58 是防守的要点。黑 59 拆二是好点,白 60 飞求根是很大的一手。黑 61 是

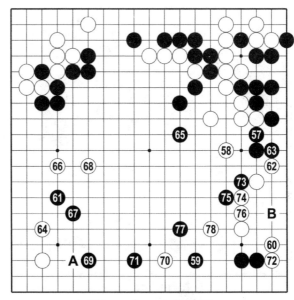

图 10 - 22　实战谱图

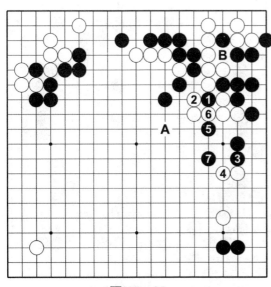

图 10 - 23

试探白方的应法,得先手再走 65,扩大中腹进行作战。

黑 61 普通是走 64 位,白 A 位拆,黑再在 66 位拆边,这样在大局上黑棋优势。黑 61 和 65 都是意识到右方白的大块棋。白 66 打入、68 关后,变成呼吸很长的细棋模样。下了这两着,结果又再次把局面损伤了。

黑 67 尖,阻止白棋渡过,下一着或攻白 66 一子,或占 69 位的好点,两者必

得其一。因此白68关起，兼消黑棋的模样是当然之着。下一步白70再度打入，白棋虽成繁忙的局面，但此着含有种种的意味，可以相机弃取。

对付黑71，白72看起来不是要点，其实如果不走，留有黑在B位点的手段，很难应。但是黑73压、75扳，可以说凑上黑棋的步调。此两着的意图，不单单是先手，而主要是留有——

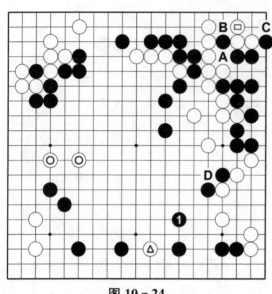

图 10 - 24

图 10 - 24 攻击右上角的价值，也就是黑A、白B、黑C，白棋只有后手一眼。

因此，白感到这个攻击是个负担时，就明了⊡是有问题的。

可是，黑77虽是坚实之着，但应依图10-24走1位大规模地攻击，白棋较为困苦。这就是：①黑在D位接，直接威胁白棋A位的攻击，是严厉之着；②大规模地吞入白△子的声势可以限制白棋的活动；③按照作战如何推移，也可能产生缠住白◎两子环绕攻击的希望。埋伏着如此等等各方面都注意到的构想，以此态

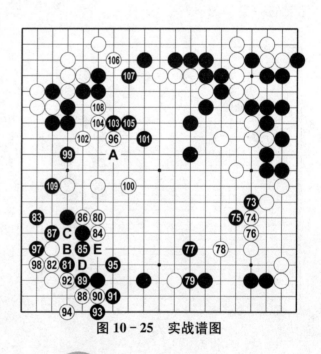

图 10 - 25 实战谱图

度等待白棋的行动是有力的。

白 78 关一着是先手，此处反而生出头绪。

第五谱　73—109

图 10 - 25 黑 79 如照——

图 10 - 26 在 1 位顽强抵抗，白有 2、4 的要着，就困难了。黑如走 5 以下的手段，白 10 先手提，白棋形状厚实，而且黑棋不净。又对付黑 1，白也有走 3 位的手段，这手棋令黑棋头疼。

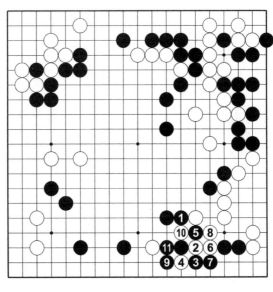

图 10 - 26

因此谱中黑 79 是不得已之着。黑 73、75 使白坚固，解消了——

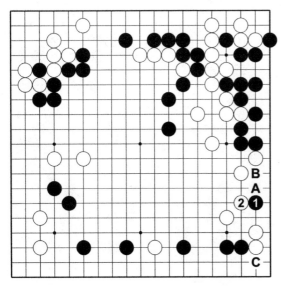

图 10 - 27

图 10 - 27 黑 1 点的手段，如何选择由棋风和时机决定。白如在 2 位应，经黑 A、白 B 后，黑在 C 位扳是先手。

白 80 曲镇，远消黑棋模样。黑 81 的走法不好。

围棋求道 14 只此一手的棋他也会考虑，就是说研究有没有更好的着手。

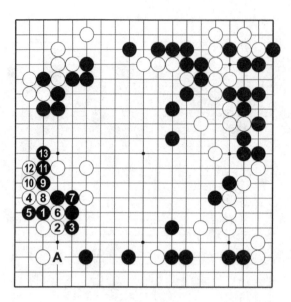

图 10-28

图 10-28 黑应走1、3，白4虽是相当好的要着，但到黑13为止，黑棋中腹变厚，变为优势，以后还有 A 位靠的手段。

黑不愿采用图 10-28 中的手段，谱中白 84 长、86 拐，一方面使黑棋形状崩溃，一方面顺着这个步调走到白 94 为止的先手活是很大的。到白 96 飞进时，确信棋势已好转。

黑 95 应转占 A 位，白棋如走 B 位，则黑 C、白 D，黑在 E 位曲，伤害到中腹

白棋。

此时展望大势，白棋取得四个角的实利，而且中腹黑棋的宝库被白 96 飞进，是很大的，白棋优势。因此大致可以看出，胜负的归结将在于黑方如何攻击中腹白棋。白 100 补，是有问题的。

图 10-29 白在 1 位关，穿针引线，黑如走 2、4 的反击，到白 5 为止成厚形。

实战中黑 101 是攻防要点。白 106、108 次序错误，虽前后两着好像是同样——

围棋求道 15 以数学作为例子，他对定理与公理

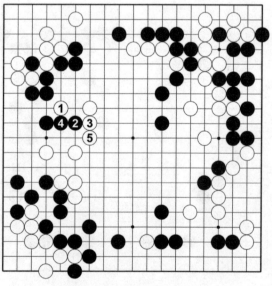

图 10-29

都抱着怀疑的态度。

图10-30 白先走1位才是正着，如果是这样，黑2就不可省略，白3先手尖后，然后白有可能在中腹5位靠。谱中被黑走109在边上渡过，白不能走中腹5位之着，很明显白棋损失，但即使是这样，依赖五目半的贴目，仍可判断为不败的形势。

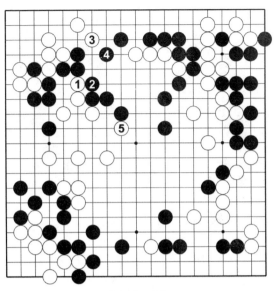

图10-30

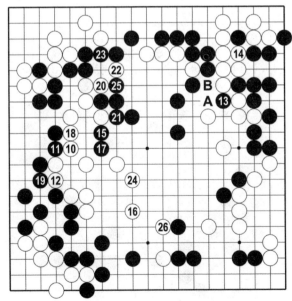

图10-31 实战谱图

第六谱 10—26
（即110—126）

图10-31 黑13断是黑棋（同时也是白棋）的狙击要点。

围棋求道16 另外一位三剑客藤泽秀行说："梶原武雄从来没有获得头衔是他不重视胜负，但后世所评的不是胜负，而是其内容。"

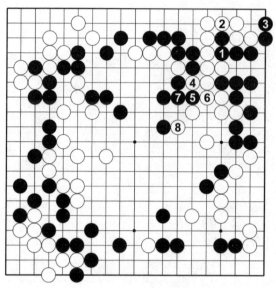

图 10－32

图 10－32 黑 1、3 如直接动手破眼，则白 4 势必进行腾挪。至白 8，黑不知道有多少攻击的收获，有所不愿，但此处黑方充满着拼命的气魄。

白棋察觉到黑棋的意图，因此白 14 谨慎行事。如果白在 A 位应，黑含有在 B 位的挤眼，然后按图 10－32 中 1、3 来攻击。黑 13 后——

图 10－33 黑走 3、5，则白有 6、8 轻轻地腾挪的准备，保证不会损失，黑收获甚微。

黑 15 虽是夺白眼形的要点，但和白 16 交换后，下边变薄不好。因此，此时应等待即将到来的机会，走 19 位是大着，先忍耐。

接着，黑 17 是误算。黑方虽集中全力攻击白棋，但白 20 曲后，黑棋无应手是痛苦的。不得已，只得走黑 21 后退。

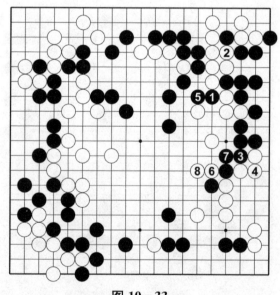

图 10－33

图 10-34 黑如在 1 位应,则白 2、4 是成立的,黑棋两子被吃。黑攻击计划流产。

围棋求道 17 梶原武雄说他自己是"笨蛋",但很多人夸奖他很聪明:学者梶原武雄。

数年前,有人问当时五冠王加藤正夫:"目前有 300 多位棋士,都有他们各自的长处,分为序盘、中盘和官子三个阶段,你最赞成三个阶段下得最好的棋士是哪一位?"

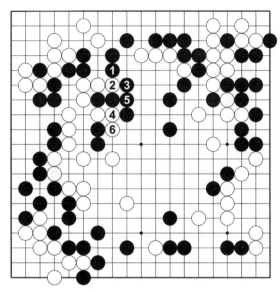

图 10-34

图 10-35 黑在 1 位顽抗,白有到 12 为止的手段,黑棋崩溃。

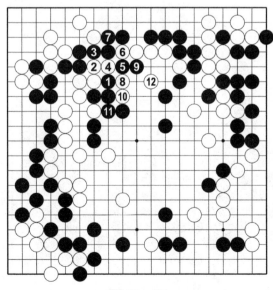

图 10-35

笔者认为,这就是坂田在短兵相接时的厉害,算路精确。两者的差别是:梶原是手段快出现时才意识到,而坂田在作战前(即 17 时)就已洞察到了。因此到白 22 为止,黑 15、17 的急攻以失败告终。

局面已经很明朗了,但白尚留有被攻击之处,以至于有突然逆转的可能,因此白 24 整形,确信了大块棋成活形。坂田十分冷静——

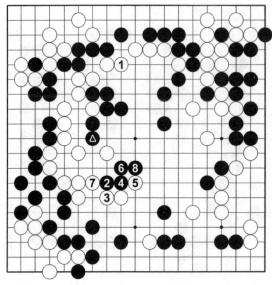

图 10 - 36

図 **10 - 36** 白在 1
位联络,是很诱人的,但黑
有 2 位点的凶着,产生了拼
命的决胜负之处,即使白走
3 以下脱险,黑 ▲一子的剑
锋发挥了威力,如此态势白
棋没有成算,没有必要。

于是把黑 25 这着棋算
在内,下一步白在 26 位靠,
已有了余裕,可以判定是白
棋充分的形势,全局在胸。

经典珍藏

第七谱 27—90
(即 127—190)

图 **10 - 37** 黑 27
是拼命的反击手段。

但白棋留有 30、32
的要着,这是坂田的鬼
手,这就决定了胜负。
黑 31 虽也可考虑——

围棋求道 18 加
藤正夫一直看着天花
板,考虑了十分钟,他的
脑中定有几位人选,可
能包括他本人在内。

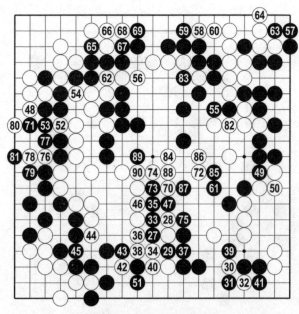

图 10 - 37 实战谱图

图 10 - 38 黑 1 有从上面扳的下法，但白有 2 以下腾挪的准备，双方变化至白 14，白棋夺得角地，黑无功而返，所得无几。

黑 31 下扳来对付白 30、32 的扭断。

围棋求道 19 他说："吴清源先生……但他已退出第一线，所以不予列入，序盘是梶原武雄，中盘是坂田荣男，终盘官子是林海峰或石田芳夫。"

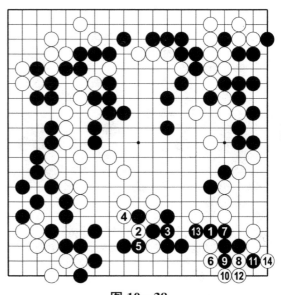

图 10 - 38

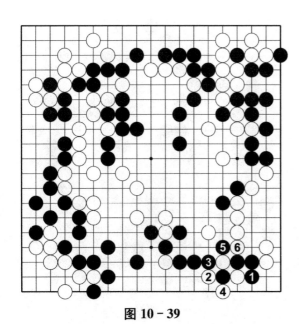

图 10 - 39

图 10 - 39 黑如走 1 位，白 2 到 6 止成劫，此劫白轻黑重，白没有投下什么成本。

黑 33 若在 39 位，白 41 位退回是先手，黑坐以待毙，所以实战黑 33 反击。

白 36 挡是慎重的，若在 37 位提，黑 36 位拐，拼命攻击白大龙。黑 39 补一着，在这样的时机是难受的，但这是不得已的。

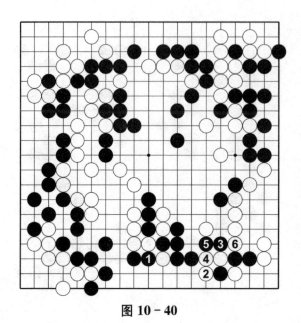

图 10-40

图 10-40 普通的着法是在 1 位断,这样,白便在 2 位打,这方面变为白地。黑 1 之着得约十五目,而白 2 则得约二十五目,其差别是很明显的。

白能转到 40 位接,此处的应接仍以白成功告终。胜败已完全决定。黑 55 如在 71 位挡,虽坚实,但白在 55 位吃,白胜。

白 56 接回,黑地被破。黑 57、59 对白棋虽是一个攻击,但白 60 是好手,可以把它解消。

图 10-41 白如走 1 位立的普通着法,黑 2 先手立后,再在 4 位断就可以成立,对白 5、7,黑 8 渡过,白棋被吃。

如谱中白于 60 位接,黑就不能在 62 位断。

围棋求道 20 笔者借用日本的评语,说梶原武雄是"石心",是颇为贴切的——即为求道派的长考型棋手。

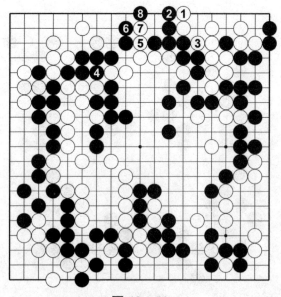

图 10-41

经典珍藏

图 **10 - 42**　黑在 1
位断,白 2 冲,黑 3 挡,白有
4 断、6 打的要着,黑棋接
不归。

白 62 接后,黑 67 不可
省略,如果不走,白就有图
10 - 42 的手段,黑棋被吃。

从白 72 到 82,这块白
棋复活,黑颗粒无收,黑棋
已经没有争胜负的余地了。
到白 90,黑方认输。中腹
的大块白棋,局部还是无眼
的形。

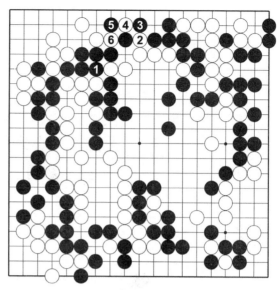

图 10 - 42

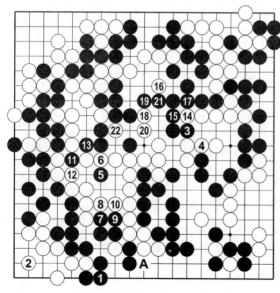

图 10 - 43

图 **10 - 43**　黑在白
未走 A 位挡之前,先在 1
位接,以下黑 3 到 13,白成
"刀五"的死棋,但白有 14、
16 的有力的攻击手段,结
果走成到白 22 为止的形,
黑方大块棋也没眼,变成大
对杀,可是此后无论怎么变
化,总是白胜。

[全局的大对杀,令人
恐怖,看到这里,才知道什
么是职业高手。]

第11局　日本第四期名人战

黑方　吴清源九段　白方　大平修三九段

（黑出五目　共282手　白胜二十一目　弈于1964年12月15、16日）

吴清源　自战解说

第一谱　1—7

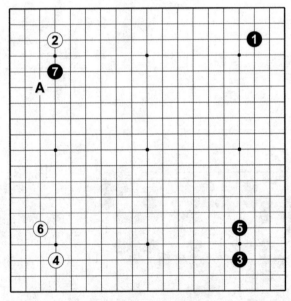

图 11-1　实战谱图

图 11-1　黑1、3的布局,在上一期名人战中,我执黑先走时,全部采用了这样的布局,其结果是三胜一负。这一次,是第五次实验。

1963年对宫本直毅八段的一局棋中,白6的一着,宫本君是于 A 位大飞守角的。不论在上方或下方守角,在现在看来,只是各人当时的心情问题。

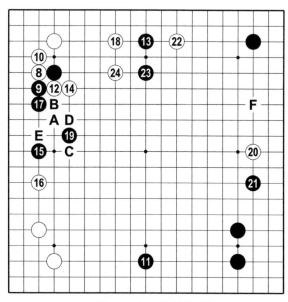

图 11-2 实战谱图

图 11-2 对付白

8——

围棋怪腕 1 大平修三，1930 年 3 月 6 日出生，木谷实的弟子，1947 年入段，1963 年九段。1966 年第 13 期日本棋院选手权战（天元战前身）大平修三 3：1 战胜坂田荣男，以后达成四连霸，分别战胜林海峰、山部俊郎、宫下秀洋，共获得八个小棋战冠军。

图 11-3 黑 1、3 雪崩型的走法较多，白 4 如长，则黑 5 打、白 6 粘后，黑不于 A 位虎，而会争先在 7 位拆。

黑 9 扳，在左下方白棋无忧角的形势下，是不大走的，不过最近偶尔也看到这样的下法。黑 11 如照——

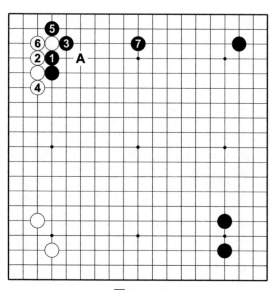

图 11-3

图 11 - 4 黑1接,这一着欠周密,白2拆,黑3拆时便有靠近无忧角之感。假如左下方白△子是在 A 单关角,黑1于 B 位虎,白仍2位拆,黑3于 C 位拆,就爽快多了。因此黑11拆求变,无论怎样都是最大的大场。

黑11不于12位接,而脱先他投的战法,最近岛村九段也经常用。岛村君的战法是:白12断时,黑于17位长,白于14位长,黑再于15位拆二。黑13如

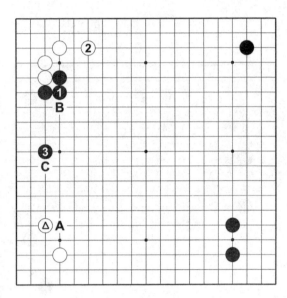

图 11 - 4

按上述战法,白便转占上边大场。今黑13先转占于此,是争先的布局。由于有五目的大贴目,黑方不能一味采取从容不迫的态度。

在黑11及13分占上下大场的布局中,白棋如去右边落子,从何处扎根,是非常困难的局面。白方也看到右边难以着手,因此先于14位长,以观黑方态度。白棋难走的地方,黑棋也没有急于走的必要,因此暂且从左边着手。黑15分投,窥伺白棋的应手。

白16如于17位打,是有违棋理的。今白16拆,是强化薄弱的一方,而使对方向上面白棋坚实的一方去走棋,这是合乎棋理的着法。

黑19飞是"形",此时白如于 A 位穿象眼,黑便于 B 位冲出。黑19如于 C 位关,白有 D 位关的先手手段,且还惧白于 E 位靠,夺黑根据地。总之,于 C 位关,漏洞甚多。

白22如于 F 位拆二,不够完善。今白22夹击,是白走18后的狙击要点。随白22之夹,掀起了各种手段。

黑23关后,白24这着仍是困难的场面。

图 11 - 5 白如1位拆,黑2拆一好着。白3、黑4是双方各得其一的好点,白5如关,则黑6飞、8长,切开白棋后,白便两处受攻击。白△子的位

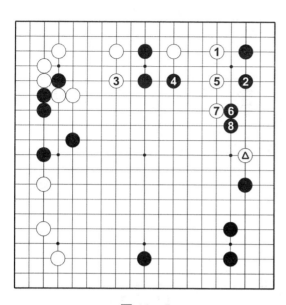

图 11－5

置不恰当。此处,黑方的运筹是要使白△一子成为恶手,而白方则避免黑方意图的达成,双方煞费苦心。

第三谱　24—41

图 11－6　白 24

如照——

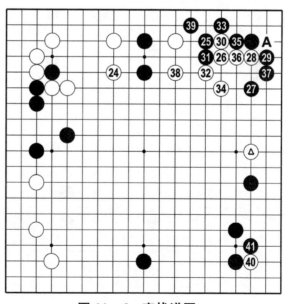

图 11－6　实战谱图

203

图 11-7 白于 1 位关,黑当然 2 位镇。白如 3 位应,则黑 4、白 5 是可以想定的过程。此后,由于黑有 A 位尖,白 B、黑 C、白 D、黑 E、白 F、黑 G 的封锁手段,黑棋好。

实战白 26 如照——

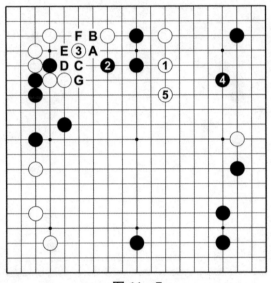

图 11-7

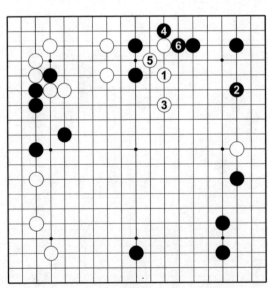

图 11-8

图 11-8 于 1 位关,黑 2 拆,到黑 6 并,黑实利颇大。

白走 26 后,黑 27 如照——

围棋怪腕 2 大平修三的棋是力量型,棋风严厉而锐利,尤其在边上作战是他的拿手好戏,常出新奇之手,故有"怪腕"雅名。他还有"榔头拳""边的大平"等诨号。

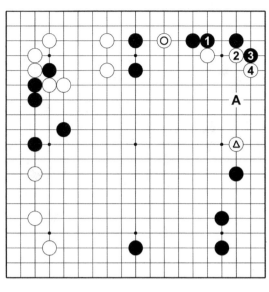

图 11－9

图 11-9 于 1 位应，则白走 2、4 放弃白◎一子，而转身将重点置于右边。如此姿态，较之当初白于 A 位拆二更有效能。也就是说白△一子的效率提高了。

黑 27 拆，是彻底不让右边白一子舒服的意志的继续。如此形状，如图 11-10 所示白棋飞拆之后，反过来成黑在△位打入的态势。

白 28 继续寻找头绪。

图 11-10 白如 1 位压，则黑 2、4、6 通渡，白棋处于黑棋的围攻之中。

白 30 如照——

围棋怪腕 3 以林海峰、大平修三为急先锋，坂田被昭和出生的棋手紧追不舍。被林夺去名人位后，虽在本因坊战里快胜，可接着在第一位决定战里又陷入苦战。

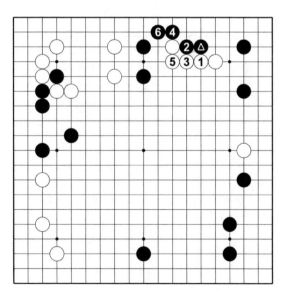

图 11-10

图 11－11 白于 1 位虎，黑 2 立，白 3 如压，黑 4、6 仍渡，是黑棋舒服。

白 30 挡下之前，先在 28 位靠一着，白便有伺机于 A 位扭断的腾挪手段。黑 31、白 32 均是必然之着。黑 33 扳时，白如照——

围棋怪腕 4 在第二年的 1966 年正月，坂田再次接受大平的挑战，把日本棋院选手权交了出去。

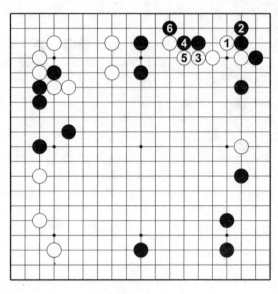

图 11－11

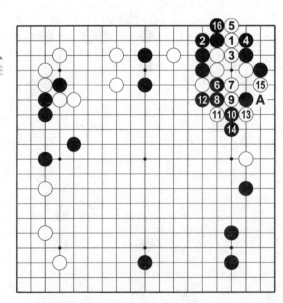

图 11－12

图 11－12 白于 1 位扳，无理。黑 2 接、4 夹，白 5 如立，则黑 6 断后便可吃到白棋。白 7、9 打出，以下至黑 16 止，白棋"接不归"。过程中白 15 如于 A 位打，黑仍于 16 位紧气，白依旧不行。因此，谱中白 34 虎是不得已。

至黑 39 止，大致告一段落。结果白△一子位置不很妥当，可谓黑之成功。

白 40 靠，是对单关角的常用手段，试探黑方的应手如何，再决定此地的对付

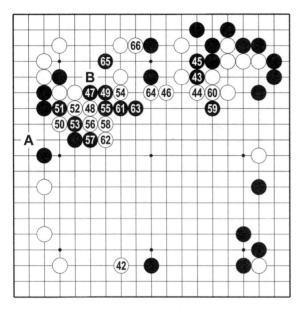

图 11-13　实战谱图

手段。黑41虎简明。

第四谱　42—66

图 11-13　白42拆,此处不能让黑棋先走。白46虎后,盘面上成此形势,可以歇一口气。这时黑棋通常的走法是——

围棋怪腕5　在第4期,坂田没有给大平任何机会,以2:0保住了第4期日本棋院第一位,但第5期再次接受大平挑战时,却已很难避免苦战了。

图 11-14　黑1觑到5关的局面。如此展望形势:上方的白地比黑棋稍多,而下方的黑地则远远超过白地,黑棋形势绝对不坏。放心不下的只是左边一块黑棋,白有A位攻击的一着。

但是,深入计算白于A位攻后的变化会发现——

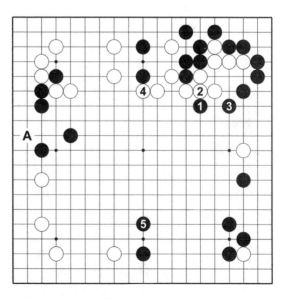

图 11-14

图 11 - 15　白1点，黑2挡下，白3是要点。以下至黑12为止的转换，双方得失相当，为两分的结果。

围棋怪腕6　第1局大平执黑半目胜，坂田身处下风。第2局坂田快胜，拉平比分。第3局一赌冠军去向，这盘棋在前半局坂田好调，但在中盘被大平追上，坂田的发挥不算好。

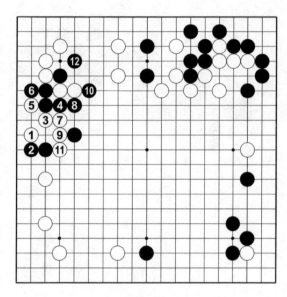

图 11 - 15

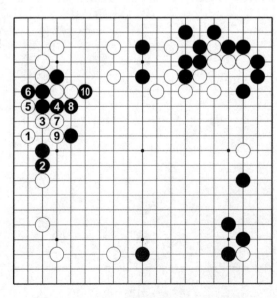

图 11 - 16

图 11 - 16　黑2这样的应法还要好，以下至10的战斗，黑一点也不用怕。

围棋怪腕7　第3局执黑的坂田，布局快调，对大平的狂攻，坂田转身试白虚实绝妙。担任解说的高川对此称赞道："坂田选择便宜、利用的时机，是天下一品。"

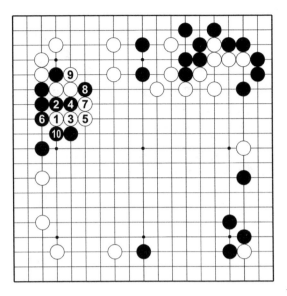

图 11－17

图 11－17 白1如穿象眼，以下应对至黑 10 为止，也无甚大事。

黑 47 靠，意在防白于A 位攻。这一手，虽然不能说是坏棋，但挑起了战火，如果走得好，优势可以一气呵成。但是，授予白方战斗之机，也有其危险的一面。如果照图11－14走法，等待白棋动手，白棋难走。

白 48 如于 B 位扳，黑棋便得到先手便宜，这时黑再依图11－14的着法，颇好。现白 48 扳，掌握住战斗的头绪，做此反扑，理所当然。黑49 如照——

图 11－18 走1位断，如果行得通就好了。可是，被白2冲出后，黑3打，白4再长，黑棋便无应手。黑3如于4位打，白便于3位打，仍然不行。

白 50 跳，是为了于 52位接，谋求步调的一着。黑 51、53 只有冲断。白 54 如于 64 位压，黑便于 54 位压，54 位是关系双方的要害。

黑 59 觑。这一着如果现在不走，将来左方战火扩大之后，就有不成为先手之虞。白 62 曲，积蓄力量，其意图在下一步黑如于 64

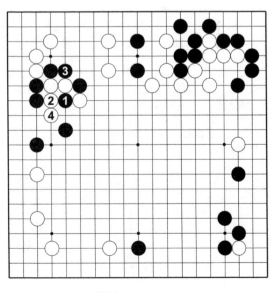

图 11－18

长,白便于63位扳出,进行战斗。黑65觑,其意图在于——

图 11 - 19　白如 1 位接,则黑 2 冲、4 接。如此形状,可以看出白 1 的接成为愚形。

因此,白 66 并是"形"。

围棋怪腕 8　中盘后大平在边上施展一连串精彩腾挪手法,白棋拉近局势已见成效,局面变细,后半盘变得形势不明了。

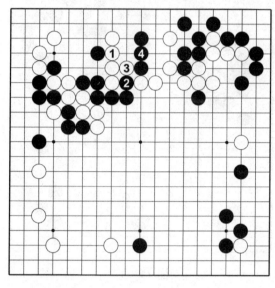

图 11 - 19

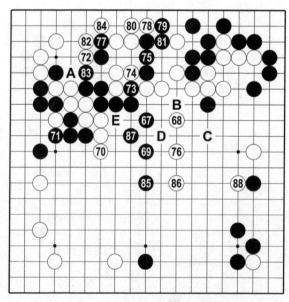

图 11 - 20　实战谱图

第五谱　67—88

图 11 - 20　黑 67 尖出。白 70 长后,黑棋对上边有——

围棋怪腕 9　在读秒中,大平错过了粉碎黑棋的机会,坂田最后找到了以劫顽强求生的活路,以 328 手的大激斗,握住了三目半的胜利,坂田因此连续四期在第一位宝座上就座。

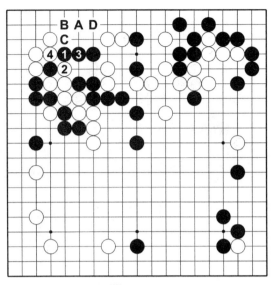

图 11 - 21

图 11 - 21 黑于 1 位尖的着法,白 2 打,黑 3 接好,是黑方的狙击手段。这样,上边的白棋就不能通渡。此后,白如于 A 位飞,则黑 B 位跨,白 C 位冲,黑于 D 位夹便切断白棋。

白 72 封住上述黑的手段,是要着。黑 73、75 切断白棋,其威胁有两个方面:一是攻击右方的白棋;二是可于 77 位立下,进行作战。对付黑 77,白如照——

图 11 - 22 白于 1 位扳,将是脱险的一着,黑 2 冲好,以下从白 3 至 7 为止,白快一气吃黑两子。

谱中黑 79 扳,是大失着!此手必须按照图 11 - 22 的着法于 2 位冲。因为,图 11 - 22 演变到白 7,黑 8 立、10 接之后,白如脱先,黑有 A 位挖的手段。白△两子即被吃。因此白 11 之补不可省略,黑 12、14 进行攻击,白难以措手。况且将来黑转于 B 位压后,黑优势无可置疑。

由于黑 79 扳挡,之后便产生白 82 的夹着。黑 83 如照——

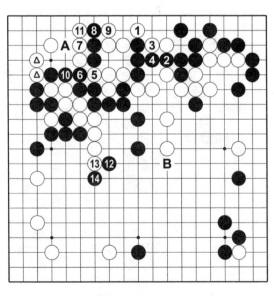

图 11 - 22

图 11 - 23　黑 1 位
立，白 2 冲、4 立后，黑 A 位
的接着便不是先手。白 84
在下边应干净。黑在 A 位
断是后手，在这样重要的逐
鹿场面下，一手之差，真是
了不得。

黑 85 应于 87 位双虎
为好。于 87 位应后，便有
B 位跨的狙击手段。由于
黑有 B 位的狙击之处，则
黑于 C 位关后，再于 B 位
跨愈加有力。

黑 87 虎后，可于 D 位
或 E 位做眼。白 88 压，补
中腹的薄弱环节。

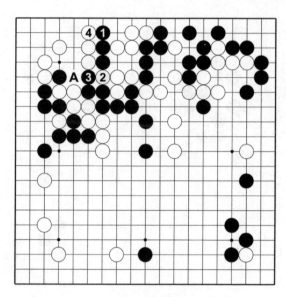

图 11 - 23

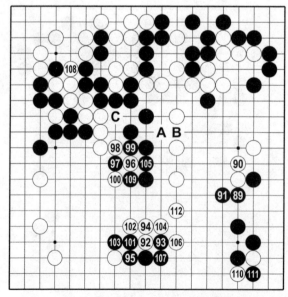

图 11 - 24　实战谱图

第六谱　89—112

图 11 - 24　黑 89
扳是坏棋，此手必须退。

图 11 - 25　黑 1
退，白 2 当然，黑 3 压、5
长后，由于此处黑有 A
位的先手曲，中腹白棋
须于 8 位补，黑占 9 位
的要点后，再于 B 位关，
姿态颇好。

实战中由于黑 89
的扳，白 90 退，黑 91 便
落了后手。白 92 压，是

最积极之着。由于黑棋落了后手,白92压后,白棋便掌握了中腹的主导权。白96如于103位长,黑于97位补,白大概也要于108位打,这样黑于104位长,将成为细棋的局面。

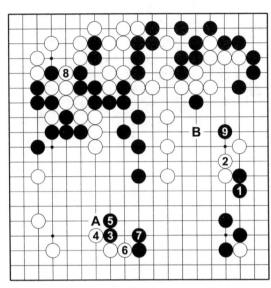

图 11 - 25

黑101、103曲出,这是黑棋的好处。但对白104,黑不能于106位长。此时黑如106位长,白于A位破眼,当中的黑棋就有危险。黑105补棋必然。白106打,虽然紧,可是如——

图 11 - 26 白1提,黑2、4如果做活,以下白5至9定型,如此是白棋优势。

白108打,看似变调,可是应当首肯这是相当大的一着。当中黑109提白

白不于103位长,而先于96位觑。黑如果105位接实,白再103位长,这样的差别是白96先手破掉了黑棋的眼形。黑棋让白棋这样走,是不行的。因此,黑97靠是要点,白98别无他着。黑99断,白100打后,黑便取得了先手。此即黑97靠的意图。现在当中的黑棋于A位觑,白须B位接上,然后黑再于C位做眼,可以成活。基于上述意义,黑97是有力的一着。

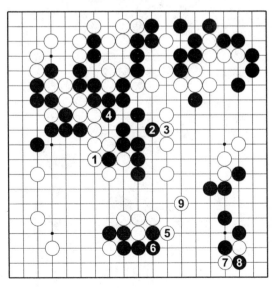

图 11 - 26

一子,是为了应付白108的一着,如此白棋实利未损。

白112虎后,下边的得失是:黑101、103两着穿出,白棋换得了106打。由于这一面空被削减,因此黑方并无好处。

第七谱 13—50
(即113—150)

图11-27 黑17长出之前,黑13、15先手觑,有次序。如此走法,是窥伺右方以及左

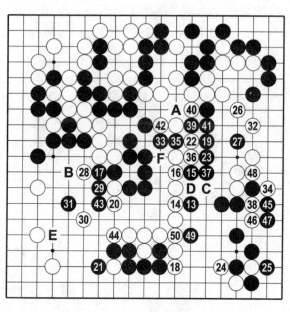

图11-27 实战谱图

下角白地薄弱之处。白18是大场。以后白于21位长出,可以攻击黑棋。

黑19是黑方狙击的要点。白20如不先长,以后白于21位长出的效果就不强。白22是补黑A位的跨着。

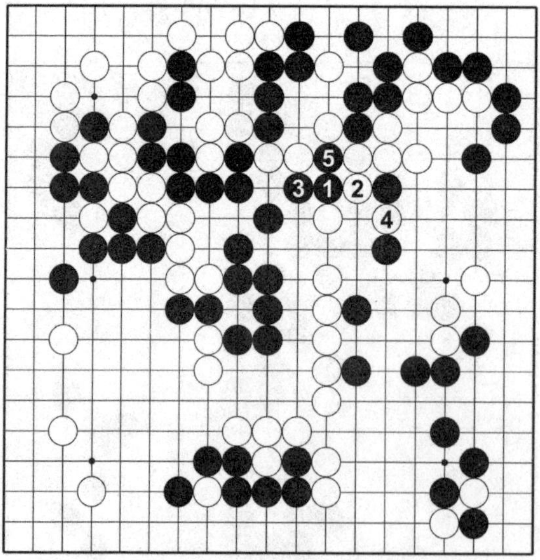

图11-28 黑1跨是要点,以下至黑5为止,由此一着白方就不能攻击当中的黑棋了。

实战黑23如照——

图11-28

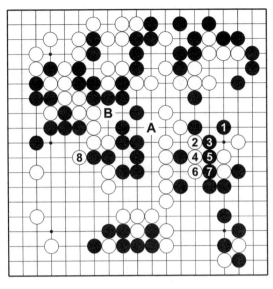

图 11－29

图 11－29 于 1 位关，当中的黑棋就有危险。如白在走 2 至 6 的先手后，再 8 扳，黑即危险。此时黑于 A 位做眼，白即于 B 位冲，只有后手一眼。

实战中白 26 尖，抄黑后路。黑 27 袭击时，白棋机敏地转手 28 扳，袭击当中黑棋，右边的白棋相机而动。在熊熊烈火包围之中的大块白棋，现在也尚无很明显的眼形。

基于上述，白 30 飞着，在攻击黑棋的同时，兼助本身大棋的安全。黑 31 逃出大棋，同时袭击左下角的薄弱环节。总之，中腹的大棋不安定是不行的。白 32 尖联络，只此一手。

黑 33 做眼。没有这着，不能安心。因为害怕白在必要的时候于 36 位接，逼黑于 37 位交换，然后于 B 位并，强杀黑棋。白 34 夹，脱险，同时有白 C 位、黑 D 位、白 37 位的狙击手段，不过目前这样切断还不能走。

黑 35 不妥当。此处的局势非常复杂。从结果来说，黑 35 应直接 E 位靠，转行作战方好。

图 11－30 黑 1 靠，白 2 如扳，则黑 3 断，白如 4 打，则黑 5 打、7 接，等白

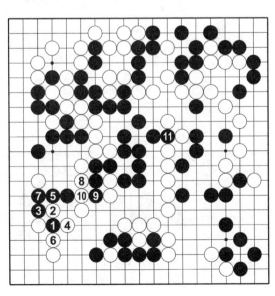

图 11－30

8长、10接之后，黑再于11位轧紧，方属严厉。因此，白8一着，大概应照——

围棋怪腕10 在日本棋院选手权战遇上登台挑战的大平，这次坂田尝到了苦头，以1：3失掉了冠军。随着名人等大正一代占据的冠军被昭和一代棋手分割拿走，就是连续四期的第一位，在第二年也挡不住大竹英雄而失去了。

图**11-31** 白8实接，这样黑9长、11双，捡得左边的便宜。

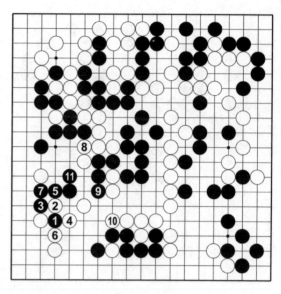

图 **11-31**

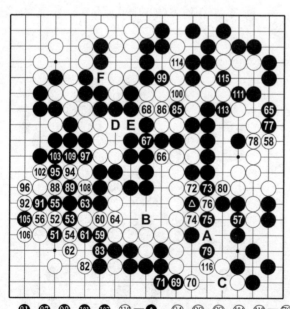

㉛、㉘、㉝、⑩、⑩、⑫=△ ㉞、⑨、⑱、⑭、⑩=⑯

图 **11-32** 实战谱图

实战中，黑39仍应先于E位靠。黑35及39冲断白棋后，其结果与走单关无异。白38得空而脱险。白42挤，脱出危险，同时白再于F位打，黑必然接，这样黑方便自行摧毁了大块棋的眼形。

黑45、47虽然是破白棋眼形之着，但白48提，右边总能活棋。

第八谱 51—116
（即151—216）

图 **11-32** 黑51现在靠一手，由于形势

起了变化,已不可期待得到图11-31的结果了。现在黑53如照——

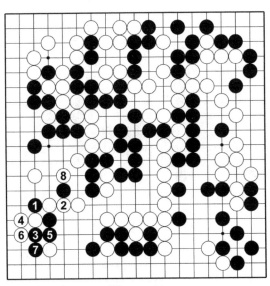

图 11-33

吴清源 详解经典名局

围棋怪腕11 在20世纪50年代后期称霸一时的坂田,正被昭和的新势力一步一步逼近。与其说是坂田的退潮,还不如说是新旧交替的历史必然。

大平修三还曾在第三届中日围棋擂台赛中战胜中国棋手刘小光。

图 11-33 黑在1位断,白2接顽强抵抗,黑3打、5接,则白6曲、8尖,中腹大块黑棋难保。

白棋算到下边大棋可以脱险,因此从容不迫地走至白62为止,抢得角上的便宜。如此,左下边白棋成空以后,与图11-31的形状就迥然不同。很明显,黑空已经不够,黑方除了袭击下边的大块白棋以外,别无良策。夺取下边白棋眼位的手段如——

图 11-34 黑1点,被白2至12应对,黑棋自身眼位不全,对杀当然黑气不够。因此,从自卫出发,黑除走69、71去夺取眼位外,别无他着。

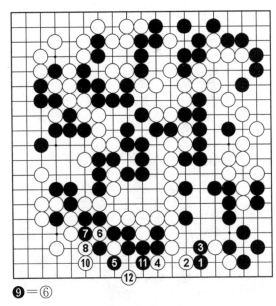

⑨＝⑥

图 11-34

白72、74一边谋活,一边谋求便宜。此时白棋如从95位来吃中腹大块黑棋——

围棋怪腕 12 大平修三的著作有:《大模样的焦点》,1971年出版;《现代围棋大系》《名局鉴赏室》,1974年出版。

图 11-35 黑2冲、4挖是要着,如此黑便脱出困境,白如5打,则黑6断、8打通连。

黑73如于80位接回八子,则白于A位夹,即可脱险。黑75如照——

围棋怪腕 13 《出奇制胜的妙手——围棋实战死活 192 题》,1990 年出

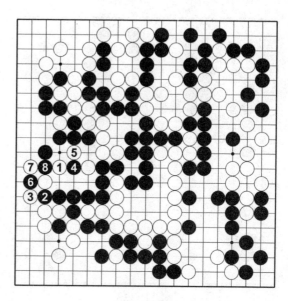

图 11-35

版;《围棋提高不求人》,1991 年出版。

图 11-36 于1位长,白2、4先做一眼,黑5如夺去此处眼位,则白6接后,无论如何总有一眼。结果至白80为止成为大劫,是必然的算法。由于白有88位的劫材,因此黑棋不行了。

黑89如不应而粘劫,则白走89位,黑如于B位夺白眼位,以下白116、黑C、白D、黑E、白F,成为双活,黑便不能争胜负。

图 11-36

对黑 91 冲, 白棋算到多黑一劫, 因此于 92 位应。黑找 105 的劫材, 白如不应而粘劫——

图 11-37 黑 1 打、3 扳吃白五子。

黑 113 如照——

围棋附录1 围棋棋经有"金角银边草肚皮"和"高者在腹"两个理论, 它们中一个是从角上下起, 另一个是从天元布局, 二者并不矛盾。

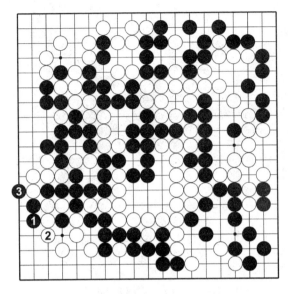

图 11-37

图 11-38 黑 1 断, 白 2 打以下至 12 止, 以右边作转换, 无多大好处。

实战至白 116, 黑攻杀失败。

围棋附录2 两人虽然目标相同, 但孔子的学问容易理解, 所以就为一般人接受。而老子的学问哲理宏大, 不易理解, 他们的理论好比是真理的两个方面, 下围棋也同属此理。

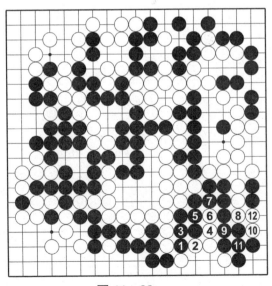

图 11-38

第九谱　17—82
（即 217—282）

图 11 - 39　进入本谱,黑已大差落败。

〔大平修三在日本有"怪腕"之称,本局白方堪称名局,算无漏策。〕

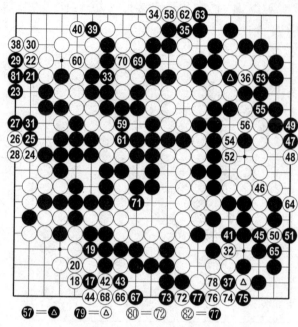

57＝△　79＝△　80＝72　82＝77

图 11 - 39　实战谱图

借鉴古制　创造经典
——现代十番棋返璞归真（代后记）

由笔者首先倡导策划的举世瞩目的古李十番棋，平平淡淡地收场了，其轰动效应显然没有达到举办者的预期。古力、李世石已年过三十，棋艺巅峰时期已过，已经不是中韩围棋统领江湖之人，只是因其过去的辉煌，令人们期待奇迹的产生。

常规的赛制，早已没有吸引力和震撼力了，更不能穿越时空，让棋迷如痴如醉。我们要借鉴古制，创造经典。十番棋的比赛，除了有中韩围棋执牛耳之人外，还有棋手敢拼不敢拼的勇气。

目前雄踞中韩围棋等级分第一的分别是时越九段与朴廷桓九段。时越获得过一次世界冠军，朴廷桓从一冠俱乐部脱颖而出，已是二冠王。时越25岁，朴廷桓22岁，正值棋手的黄金期，最有资格下十番棋。他们虽相貌斯斯文文，棋风却刚烈无比。他们不饰脂粉的锐利手段，将棋盘搅得血河涌动，在一盘盘杀与被杀的胜负豪赌中，他们对围棋个性的张扬，远远超出了胜负的范畴。比赛惊心动魄、扣人心弦，在残酷的赛制下，其激烈程度堪称"地球撞火星"。如果有人愿意出资举办十番棋，他们愿不愿意下这样的十番棋?!

两位少壮派的对决，直接影响两国围棋的走向与兴衰。就像1989年第1届"应氏杯"决赛中，曹薰铉3∶2力克聂卫平夺取冠军，让韩国围棋火爆，让世界认识大韩民族——以礼待人、刚直不阿。历史有它独特的半径轮回，现代十番棋朴廷桓若败，则韩国围棋面临断层之忧；时越若败，中国还有六位新生代的世界冠军作后盾，并且还有一位冉冉升起的新星柯洁，后继有人。

没有处罚的比赛，两人亦战亦友，刀光剑影，亦真亦幻，胜固欣然，败亦可喜。有处罚的比赛，棋手压力倍增，没有退路，只有破釜沉舟，比赛就有强烈的争棋氛围。比赛的悬念牵动棋迷的心，因为胜负后的悲欢离合会给棋界带来前所未有的阵痛，这是十番棋独有的魅力。

时代造就英雄，英雄在时代中闪光。棋手是大侠，棋手是剑客，他们的一招一式均在如史诗般的十番棋中炼成。在命运的天空下，谁俯首低眉，禅坐如石？谁悲壮激烈，潜龙在渊？多少漫漫长夜，独自站在盲点深处，在厄运里寻找真理，用鲜血洗净伤口，拒绝虚构的玫瑰填补内心真实的倾斜和遗憾，只求得一剑致命的升华。

我们要使十番棋成为一种仪式，在自己围棋生涯成长至巅峰时，向棋坛宣战成为弈林盟主。相约最高峰，抚戈论沉浮，时光之手琢玉成器，谱写一曲传奇，震铄一册棋道，肩负天职，行吟在梦想的舞台，豪放的风骨大开大阖，血性的剑魂，留下经典般的永恒。棋艺在寂寞中升华，灵性在搏杀中豁然，旷世的秘密武器一半来自激情，一半来自使命。随着思绪的绽放无翅遨游，忘却轮回，荣辱不露于外，用唯一的对决方式捍卫尊严。

中国是围棋十番棋的故乡，清朝乾隆四年（1739 年），范西屏、施襄夏两大国手受东道主张永年的邀请，在两位巨匠的家乡浙江平湖（"当湖"是平湖的别称）鏖战十局。当时范西屏年 31，施襄夏年 30，两人精力旺盛，棋艺正处于巅峰，他们的对局出神入化，技惊四座，显示出卓越的才华。我国古时有赢子多少论彩头的旧习，对局者嗜"斗"成性，中盘战斗非常激烈，能赢十子的棋，绝不为了风险只赢五子。"当湖十局"不但在当时被围棋界一致推崇，直至今天，仍被认为是我国古谱中的典范。

日本古时有"打挂"制度，即"名人"在战斗复杂时可以暂停，回家研究，没有时间限制，想好了再续弈，但当时只有贵族才能享受这种资格。1933 年，日本读卖新闻社为纪念《读卖新闻》发行到两万号，决定举办日本围棋选手权战，这是一场由十六名五段以上的棋手参加的淘汰赛，优胜者将获得与名人本因坊秀哉对局的资格。吴清源五段在决赛中击败桥本宇太郎，夺得优胜。

吴清源与名人本因坊秀哉的对局于昭和八年（1933 年）十月十六日开始，按规定每周的星期一下一次。因为秀哉是名人，而吴清源只是五段，两人相差四段，照过去的对局方式本应是二先二，即三局中有一局是让两子，一局让先，再一局让两子，但因读卖新闻社调解，决定只让吴清源执黑先行，规定时间为二十四小时，并约定每回下到下午 4 点止，在轮白子下时暂停。

每回都在轮白下棋时暂停，这是现在已废止的制度，在整个江户、明治、大正、昭和时期，这一直被当作后辈对前辈的一项当然惯例。一般来说，在轮到自己下棋时暂停是有利的，因为自己可以在下一次续弈前研究下一手该下在哪里。这是古时的遗风，黑方借此向白方表示尊敬和求教。白方在下棋时,往往只下一两手就停,回家研究好了下一手再续弈,这是棋界皆知的制度。几年后,因为很多人批评这种制度不公平,才开始实行封局制。

这局棋吴清源破天荒地走了三三、星、天元布局,这一创新的布局构思轰动了日本棋界。但对秀哉的"本因坊"流派来说,三三的走法叫作"鬼门",是禁忌的位置。许多人批评说这是对名人的失礼。

秀哉和吴清源的对局共暂停过十四回,终局在翌年昭和九年(1934 年)一月二十九日,历时三个多月。双方在中盘激烈的攻防战中,秀哉打挂回家长考,他把与吴清源的比赛当作坊门头等大事。在研究中,弟子前田陈尔五段发现了白 160 的鬼手,结果秀哉扭转了被动的局面,最后以 2 目的优势取胜。后来,在第二次世界大战后的一次新闻座谈会上谈及这盘棋时,濑越宪作八段说:"据说白 160 这手棋是前田陈尔先生发现的。"这句话立即被刊登在报纸上,激起本因坊门下的愤怒,濑越也由于这"舌祸",被迫辞去了日本棋院的理事一职。昭和五十七年(1982 年)故世的本因坊门村岛谊纪九段曾说:"这手棋不能说是前田君发现的,而是大家在七嘴八舌的争论中,突然想到有这手棋的。"吴清源对这件事曾淡淡地评论道:"我也曾听到流言说,白 160 是前田先生发现的妙手,我想即使前田先生没发现,秀哉先生也会如此下吧。不过,在这手棋没下出来之前,我丝毫也没有预料到。"

作为被废除的古时打挂制度,在残酷的十番棋长盘较量中被采用,双方都有一次打挂资格,机会均等,没有不公平的,我们为什么不敢改革赛制,借鉴古制呢? 古力在十番棋较量中,每到关键时刻就计算出错,是紧张,还是高原反应,或者是本身棋艺上的差距。如果引用打挂,古力能走出对局室,让绷紧的神经松弛下来,在第 5 局寻找到那个盲点,研究出破敌之策。或许有了打挂,李世石也不会轻率地走实战的着法,因为等待他的是陷阱。说不定比赛的趣味精彩就在这里面。

现代围棋之父吴清源走向全盛时期,正是从腥风血雨的十番棋中拼杀出来的。自十番棋开战以来,先生的对手先后有战前的木谷实七段、雁金准一八段、藤泽库之助(朋斋)六段,以及战后的岩本薰八段、桥本宇太郎八段、藤泽朋斋九段、坂田荣男八段、高川秀格八段等俊杰,这些人都被吴清源打败,其中有的棋手还被改变了对局方式。日本棋界已无人能与吴清源下十番棋了,因此,读卖新闻社又在昭和三十二年(1957 年)底发起了名为"日本最强决定战"的冠军赛,也就是后来的名人战。

2014 年 11 月 30 日，围棋天才吴清源仙逝，享年 100 岁。先生虽去，却为世人留下了一部东方不败的十番棋宝典。"忆往昔，峥嵘岁月稠，数风流人物，还看今朝。"在辉煌的中韩争霸史上，有几次里程碑性质的交锋。第一代棋手曹薰铉（9 个世界围棋冠军）力克聂卫平（3 个世界围棋亚军）；第二代棋手李昌镐（17 个世界围棋冠军）战胜常昊（3 个世界围棋冠军）；第三代棋手李世石（14 个世界围棋冠军）怒斩古力（8 个世界围棋冠军），标志着中日韩三国围棋擂台赛整体实力的团体较量，韩国取得了骄人的辉煌战绩，中国一直扮演悲情的角色。只是近几年中国有所突破，这也是韩国四大天王人老棋衰的原因。第四代棋手时越能否与朴廷桓生死对决，第五代棋手新生代柯洁与罗玄能否延续感动历史的强强对话……在围棋这部波澜壮阔的雄伟长卷中，一代人倒下了，又有一代人站起来，前赴后继地肩负起重任。尤其是柯洁获得世界冠军，他的棋风与前辈坂田荣男、李世石乱战缠斗相似，构思深，计算准，力量大，有望成为新一代中国棋手的领军人物。历史需要胜负，时代需要风云，棋迷需要井喷，神话就是在不断的演绎中书写，围棋就是在激烈碰撞中滚滚向前。这样充满生命魅力的赛事，棋迷期待，媒体高兴，社会关注，棋院与时俱进，何乐而不为呢？

国运盛，棋运盛，在中国经济突飞猛进向前发展时，中国围棋也是人才辈出、群星璀璨。机不可失，失不再来，我们要抓住机遇与韩国华山论剑、巅峰对决。现代十番棋恢复打挂和处罚两项制度，既庄严，又雅趣，这是现代任何新闻棋战都没有的伟大创举，一定会产生轰动效应、创造经典。气魄与胆略是产生伟大的精神力量，长期的审美疲劳使人们渴望告别内心的平庸，极富感染力的赛事铸造围棋不朽的神话。

如果十番棋在互联网上对弈，两人各在所属棋院，不设监局人，比赛时间设定六小时，每晚 7 点至 11 点进行，职业高手同步讲解，引导棋迷进入棋的境界，到时封盘，分三天弈完，此间不排除好友献计献策，世人可知欣赏传世名局？江湖可知搅得沸沸扬扬？

这个世界真精彩，2016 年 3 月 9 日至 15 日人机大战轰动世界，阿尔法狗（AlphaGo）与柯少侠的十番棋，胜负难料，电脑研究团队在完成对局李世石时存在的缺陷修正后，必然会与柯洁来一次华山论剑。是有五千年历史的围棋笑傲江湖？还是只有 2 岁的阿尔法狗独孤求败？广大棋迷拭目以待。当务之急是柯洁要走向成熟，至少要获取 5 个以上的世界冠军头衔，确认其世界第一的位置。另外,还需要在中国找赞助商运作策划。

刘乾胜

[**编者按:**时隔一年,AlphaGo 与以柯洁为代表的中国顶尖棋手一道,进一步追求围棋的真谛。这次活动旨在推动围棋普及和发展,更重要的意义还在于为人类更好的研究、开发和使用人工智能做出有益尝试。这个赛事是现代科技与中国传统文化的美妙结合,通过发展日新月异的人工智能,传承千年历史的围棋必将进一步闪耀出其智慧的光芒。

2017 年 5 月,中国群星灿烂的天才棋手们以独具开创性的方式为世人带来精彩绝伦的对局,挑战人类智慧极限。]

卷　末　语

关于吴先生，我没有什么可说的。他是代表昭和时代的伟大巨人。如果说现在我们作为职业棋手感到很光彩，有一半是托了吴先生的福，那也并非言之过分。吴先生给予现代围棋的影响就是这么巨大。对于我来说，不，对于几乎所有的棋手来说，吴先生犹如苍天在上。

——日本超一流棋手武宫正树

从新手的发现数来说，吴先生恐怕占第一位。无数的"吴清源定式"与新手法，对丰富昭和年间的棋所做的贡献，是不可估量的。

——日本超一流棋手赵治勋

作为职业棋手，无论谁都会将围棋作为"上天赐给自己的职业"，但是像吴清源这样不问世间俗事，纯粹的只知道下棋的几乎是没有的。那种一心一意的生活态度就像流淌在深山峡谷间清澈见底的小溪一般。而且，小溪即使流出了峡谷，汇入了大河，依旧清澈如前，闪烁着一条航迹到大海。如果把昭和的围棋比作河流的话，可以说这条河就是以吴清源这条清澈的小溪为中心流淌的。

——日本作家江崎诚致

如果说今天的高手棋艺是一次元的话，那 300 年前的道策是二次元。而吴清源的棋艺是三次元。

——日本作家江崎诚致

四大发明固然了不起，但只是我们比其他民族先走了一步，如果我们不发明，其他民族早晚也会发明。唯有围棋，如果不是中华民族来发明，那么世界至今也不会有围棋。中国不仅是围棋的发源地，而且在当代还产生一位伟大的棋士，我们可以毫不夸张地说，吴清源以他独特的方式影响了世界。

——陈祖德九段

围棋是战略游戏，棋手在对弈时都有各自初步的战略构想，随着双方战略的冲突会不断形成战斗和妥协。既有的战略往往要随时根据棋盘上对手的行动以及形势的变化进行调整。因为作为对手的另一方是不会轻易让你的战略得逞或顺利实施的，这就是所谓的"博弈"。

——美国前国务卿亨利·基辛格博士